KB052956

문해력, 미디어 리터러시 문제 해결을 위한
《기자가 되고 싶은 청소년에게》 활용법

1. 교과 연계 수업

주제 [예시] 기후 위기와 환경 문제에 관해 이야기해 보아요.

내용 기후 위기와 환경 문제에 관해 기사와 미디어를 검색해서 토론하고
각자의 생각을 글(기사)로 써서 이야기 나누고,
글을 지역 신문사나 주요 일간지에 투고해 봅니다.

활동 ① 청소년들과 '기후 위기' '환경 문제'에 관해 기사와 미디어(매체) 검색
② 책과 기사를 읽고 토론하기
③ 글쓰기(토론 후 본인 의견 글쓰기)
④ 지역 신문 및 주요 일간지 투고
⑤ 종이 신문 혹은 인터넷 기사화 확인

2. 신문 만들기 프로그램

주제 [예시] 기후 위기와 환경 문제에 관한 신문을 만들어 보아요.

내용 기후 위기와 환경 문제에 관해 기사와 미디어를 검색해서 토론하고,
각자의 생각을 글(기사)로 써서 이야기 나누고, 쓴 글을 모아
신문을 만들어 봅니다.

활동 ① 청소년들과 '기후 위기' '환경 문제'에 관해 기사와 미디어(매체) 검색
② 책과 기사를 읽고 토론하기
③ 취재 주제 선정
④ 취재(취재 예의와 다양한 체험)
⑤ 기사 쓰기(취재의 결과로 알게 된 사실과 본인의 생각을 정리해서 글로 쓰기)
⑥ 편집(기사 배치)
⑦ 신문 만들기 완성

3. 신문 동아리 만들고 활동하기

주제 다양한 주제 선정

내용 청소년이 주체가 되어 지속 가능한 신문 동아리 만들기

활동 ① 책을 읽고 안내에 따라 토의
② 지속 가능한 절차 논의
③ 기사 검색 및 주제 토론
④ 취재 주제 선정
⑤ 취재
⑥ 기사 작성
⑦ 편집
⑧ 신문 발행

기자가 되고 싶은 청소년에게

★ 신나는 취재 활동부터 기사 작성까지 ★

기자가 되고 싶은 청소년에게

김형준 지음

소동

시장의 미래, 독서 교육에서 찾다.

어린이 청소년 문화공간 곰곰이

어린이 문화 공간 **곰곰이**

THE GOMGOMI

2021년 4월호 / 241호
발행인 : 김형준 노위정
편 집 : 김현정
발 행 : 어린이, 청소년신문 곰곰이
전 화 : 051 702-0016, 704-7790
주 소 : 부산광역시 해운대구 좌동순환로 173
블로그 - blog.naver.com/kimroh668
인스타그램 - gomgomi05

한성원 작가 강연회

일시 : 2021년 4월 16일 (금) 저녁 7시30분~9시
대상 : 초등 고학년과 청소년 학부모와 교사
내용 : 일본군 위안부 피해자 할머니 이야기
작가 : 한성원

서울대 서양화과 졸업
2020년 일본군 위안부 피해자
<함께 기억 프로젝트>

곰곰이 독서클리닉센터

곰곰이 생각

공급과 수요

빼앗긴 시장에 봄은 오는가

김일광 동화작가 강연회

한국출판문화산업진흥원 후원 행사

일시 / 2015년 10월 13일
오전 10시30분
내용 / 잃어버린 이야기
대상 / 학부모
장소 / 부산 곰곰이

(문학 기행)

일시 / 2015년 10월 25일(일)
오전 9시 ~ 오후 5시
기행 / 구룡포, 해맞이광장, 호미
김일광 작가 집필실 서점

대상 / 학부모 및 초등학생

일시 : 2015년 10월 4일(일) 출발
오전 7시50분 출발
오후 6시 도착
대상 : 초등 3~6학년(30명)
내용 : 남해 충렬사(이순신

회비 : 80,000원

차례

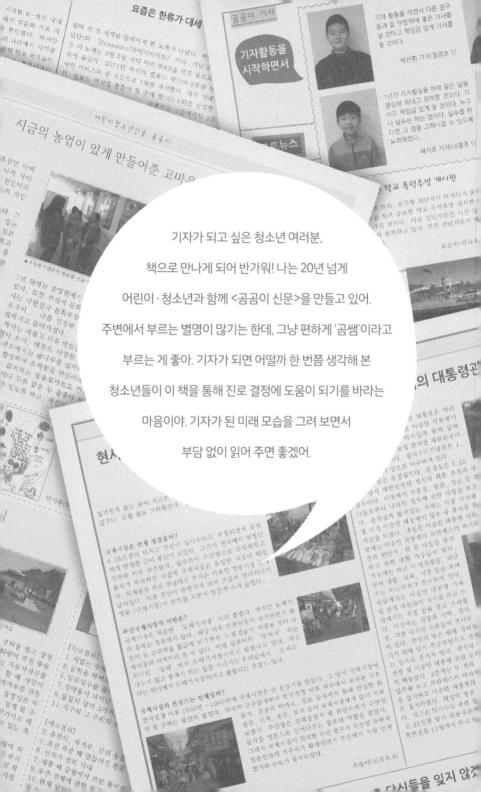

기자가 되고 싶은 청소년 여러분,

책으로 만나게 되어 반가워! 나는 20년 넘게

어린이·청소년과 함께 <곰곰이 신문>을 만들고 있어.

주변에서 부르는 별명이 많기는 한데, 그냥 편하게 '곰쌤'이라고

부르는 게 좋아. 기자가 되면 어떨까 한 번쯤 생각해 본

청소년들이 이 책을 통해 진로 결정에 도움이 되기를 바라는

마음이야. 기자가 된 미래 모습을 그려 보면서

부담 없이 읽어 주면 좋겠어.

세상을 알고 생각이 움트기 위해

우리 사회에서 논란이 되는 이슈가 있어. 남학생은 "진작 그랬어야지!"라는 반응일 테고, 여학생은 "아니, 우리가 왜?"라며 어이없어 할 수 있지. 바로 '여성 징병제'야. 여자도 군대 가야 한다는 거지. 학생들에게 민감한 부분이야. 오래전부터 나온 말이지만 다시 주목받게 되었어. 청와대 국민청원 게시판에 '여성도 군대 가야 한다'는 글에 공감하는 사람이 이십만 명을 넘었다지 뭐야(2021년 4월)!

왜 이런 이슈가 떠올랐을까? 군 입영 자원 부족, 즉 군대 가서 나라를 지킬 남자가 줄어들고 있다는 거야. 이것은 저출산 문제와 관계있어. 우리나라는 출산율이 세계에서 제일 낮다는 사실 알고 있지? 유엔인구기금UNFPA이 2021년 5월 발간한 2021년 세계 인구 현황 보고서 〈내 몸은 나의 것My body is my own〉에 따르면, 한국의 합계출산율은 1.1명으로 198개국 중 198위래. 합계출산율은 여성 한 명이 평생 낳을 것으로 예상되는 평균 출생아 수야. 우리나라의 합계 출산율은 세계 평균 2.4명의 절반에도 못 미쳐. 2019년 1.3명으로 192위였다가 2020년 처음 꼴찌로 떨어진 후 2년 연속 최하위야. 또 전체 인구에서 0~14세 어린이 인구가 차지하는 비율도 처음으로 최하위를 기록했어. 우리나라의 어린이 인구 비율은 12.3퍼센트로 일본과 공동 꼴찌로 세계 평균 25.3퍼센트의 절반도 안 되는 수준이니 걱정이야.

그러면 어떻게 해야 할까? 나라를 지킬 군인이 적다면 여성도 군에 가야 할까?

이 글을 읽고 있는 남학생과 여학생은 여성 징병제에 대해 어떤 생각을 할지 궁금하네. 이와 같은 민감한 이슈가 있으면 일부 학생들은 관련 뉴스를 찾아보고 SNS를 통해 다른 사람의 의견도 알아볼 거야. 2021년 5월 1일자 〈조선일보〉에 따르면, 20대 여성들이 여성 징병제에 동의하는지 알아본 설문 조사에서 약 53퍼센트가 공감했어(한국여성정책연구원, 2019년). 또 노르웨이와 이스라엘은 여성 징병제를 실시하고 있대. 여전히 의견이 분분해서 앞으로 어떻게 전개될지 두고 봐야겠지만 이런 이슈에 대해 자신의 의견을 한번 정리해 보는 것도 나쁘지 않아.

뉴스를 찾아보는 방법은 다양해. 누구에게나 세상과 소통하는 나름의 채널이 있거든. 티브이나 라디오일 수도 있고 신문이기도 하며 인터넷을 이용한 전자 기기일 수도 있어. 그중에서 가장 손쉬운 것은 스마트폰일 거야. 각자 편한 대로 뉴스를 소비하면 돼.

나는 스마트폰으로도 뉴스를 보지만 신문이 가장 편해. 우선 눈이 피곤하지 않아. 그리고 신문은 뉴스의 중요도에 따라 기사의 분량이 정해지니 중요하고 관심 있는 뉴스는 더 자세하게 내용을 파악할 수 있거든. 중요한 기사는 따로 스크랩해 두면 필요할 때 바로 찾을 수 있어.

뉴스를 알고 있으면 대화를 주도할 수 있어. 친구들에게 뉴스의 내용을 설명해 주고 내 의견까지 말한다면, 친구들 사이에서 '오피니언 리더'가 될 수 있지. 오피니언 리더는 집단 내에서 다른 사람의 사고방식, 의견, 행동 등에 영향을 주는 사람을 말해. 학교에서 팀별 수행평가를 할 때 오피니언 리더의 의견에 따라가는 경향이 있어. 사회에서도 다를 바 없어. 리더 격의 누군가가 앞장서 끌어가면 나머지는 큰 수고 없이 따라가거든. 그렇지만 누군가는 재미없어 해. 팀 과제를 수행하는 데 주체가 되지 못하니까. 주체가 되고 싶어 하는 이들이 많을수록 발전 가능성이 있어.

청소년들이 대화의 주체가 되기를 바라는 마음으로 우리 사회에서 일어나는 뉴스를 알려 주고자 노력했어. 여러 매체가 있지만 내가 선택한 것은 신문이야. 함께 읽고 질문과 생각을 주고받으면서 각자 관점을 정리하기에 신문만 한 매체가 없어. 모두 같은 내용을 보면서 진행하니 다른 매체에 비해 집중도가 높아지거든.

이런 신문에 대한 애착은 〈곰곰이 신문〉으로 연결되지. 2000년 2월에 곰곰이 어린이·청소년 서점을 시작하면서 〈곰곰이 신문〉을 발행했어. 신문을 만든 이유는 작가와의 만남을 비롯한 여러 강좌와 행사, 새로 나온 책을 알리기 위함이었어. 2000년 4월에 첫 신문이 나왔고, 이후에 어린이들이 직접 쓴 글이 추가되었어. 독후감이 나 영화 감상문이 들어가고 다양한 체험 기록문을 신문에 올렸어. 어린이들의 다양한 글이 '곰곰이 어린이 기자단' 탄생의 모태가 돼. 2005년 곰곰이 기자들의 기사가 신문에 실리면서 지금에 이르렀 어. 신간 소개와 회원들을 위한 다양한 강좌, 어린이와 청소년의 글 이 균형 있게 들어간 〈곰곰이 신문〉으로 거듭난 거야.

20년간 〈곰곰이 신문〉을 만들고 기자단을 이끌면서 익힌 경험 이 기자가 되고 싶은 청소년들에게 도움이 되기를 바라는 마음에 이 책을 쓰게 되었어. 신문에 대한 기초적인 개념을 잡아 주고, 기사를 어떻게 읽으면 좋은지, 기사를 바탕으로 나만의 글을 작성하기 위 해 필요한 것이 무엇인지 등에 관해 청소년들의 글을 예로 들어 소 개했어.

우리나라 중·고등학교 신문 동아리나 신문반의 현황을 살펴보 니 안타깝게도 점차 사라지고 있더라고. 빛을 잃어가는 신문 동아 리가 이 책을 통해 다시 활성화되길 바라는 마음도 있어. 또 신문 동 아리 현장에서 바로 사용할 수 있게 신입 및 기존 청소년 기자 교육 을 위한 교안을 제시하고 자세한 설명을 해 놓았어. 신문 동아리에 활력이 붙고 새롭게 시작하는 신문 동아리가 자리를 잡으면 자연스 럽게 본연의 목적인 기사를 쓰고 신문 제작에 들어가려 할 거야. 그 래서 신문 제작을 위한 지면 구성 팁과 사례를 들었어. 학교 밖에서 기자 활동을 할 수 있는 길이 있다는 사실도 알려 주고자 했지.

너무 어려울 거 같다고? 그렇지 않아! 차근차근 배워 나가면 누구나 할 수 있어. 청소년 기자를 하면 기사를 써야 하니 글쓰기 실력이 향상되어 어디서 어떤 주제를 줘도 글 쓰는 두려움이 사라져. 두려움이 없으니 점차 쓰기에 자신감이 붙고 교내외 백일장에서 상까지 받는 기자들도 있거든. 또 기사 주제를 정하고 취재하는 과정에서 생기는 문제를 해결하면서 상황 대처 능력이 좋아져. 토론하는 습관이 생겨서 학교에서 하는 팀별 과제를 할 때 주도적으로 이끌어가는 능력이 자기도 모르게 발휘되기도 해.

코로나로 인해 학생들의 학업 성취도가 떨어졌다는 말 들어봤을 거야. 그러니 문해력과 미디어 리터러시가 주목받기 시작했고 그 중요성을 깨닫고 학교 정규교육 과정에 편성하려는 움직임이 활발해지고 있어. 2022년 1월에 한국언론진흥재단에서 중학생을 위한 미디어 리터러시 교과서 《청소년과 미디어》를 처음으로 발간했는데 서울시 교육감의 승인을 받은 인증 교과서래. 이 교과서는 미디어 리터러시를 "다양한 미디어에 효과적으로 접근하고 비판적으로 해석하며, 자기 생각을 표현하기 위해 콘텐츠를 창의적으로 생산하면서도 그 영향에 대한 책임을 지고, 미디어를 활용해 사회적 소통에 참여할 수 있는 능력"이라고 소개하고 있어. 이 책이 나왔다는 사실만으로도, 앞으로 더 많아지는 정보와 뉴스를 읽고 비판적으로 판단하여 소통하는 것이 일상에 중요하다는 사실을 알 수 있지.
그런 점에서 《기자가 되고 싶은 청소년에게》도 시대와 발맞춰 가고 있다고 생각해. 이 책의 장점은 진짜로 해 본 것을 바탕으로 하고 있다는 점이야. 제목처럼 기자가 되고 싶은 청소년들에게만 도움이 되는 건 아니야. 책 속의 내용을 읽다 보면 우리 사회에서 일어나는 사건, 사고, 경향, 유행 등의 이슈를 어떻게 바라봐야 하고 생각해야 하는지 알 수 있을 거야. 또 청소년들이 글을 쓴 과정과 그 내용에 대한 구체적 사례를 제시하고 있어. 신입 기자를 위한 교안이지만 토의/토론을 하는 방안, 사실과 의견에 대한 구분, 기사를 비판하기 등은 미디어를 바로 이해하고 해석하는 데 도움이 될 거야.

사실, 곰곰이 어린이 기자들과 청소년들이 함께했던 활동과 결과물이 생산되는 모든 과정에 문해력과 미디어 리터러시가 반영돼 있어. 이 책에서 소개하는 대로 뉴스를 읽고, 비판적으로 생각하고, 친구들과 토론하고, 정리된 생각을 글로 표현하다 보면 자연스럽게 문해력이 올라가고 미디어 리터러시가 체득될 거야. 여러분들이 세상을 바르게 볼 수 있는 힘을 갖추고 다양한 분야에서 세상과 소통하며 더 나은 미래를 만들어 가는 데 이 책이 밑거름이 되었으면 좋겠어.

정작 기자 활동을 할 때는 모르다가 중·고등학교로 진학하면서 선생님, 친구들과의 원만한 관계 유지에 얼마나 도움이 되는지 비로소 알게 되지. 그러면서 자연스럽게 성적도 오르고. 이건 사실이야! 오랜 시간 곰곰이 기자들이 중·고등학교를 진학하고 대학 가는 것을 지켜보고 하는 말이니까. 그래서 하는 말인데 어린이 기자나 청소년 기자는 한번 해볼 만한 도전이라고 생각해. 놀이공원에서 새로운 놀이 기구를 기대하며 타듯이 말이야. 약간의 두려움과 설렘으로 타는데 타고 나면 또 타고 싶어지는 그런 느낌일 거야.

어린 시절 간절히 바라는 것을 이루기 위해 노력해 본 경험보다

값진 것은 없을 거야. 기자의 꿈을 이루기 위해 학창 시절 열정을 다하는 청소년들에게 응원과 격려의 박수를 보내.

김형준

신문을
펼쳐 볼까

뽁뽁이 대신 신문? 신문은 정보 전달 수단!

신문이 뭔지 모르는 학생은 없을 거야. 세상에서 일어나는 뉴스와 정보가 있는 큰 종이. 신문은 어른들만 보는 거라고 외면하지만 의외로 쓰임새가 있기도 해. 인쇄된 내용과는 무관한 분야에서 요긴한 활약을 하고 있으니 말이야. 깨지기 쉬운 그릇을 쌀 때나 물건이 든 상자의 빈 공간을 뽁뽁이 대신 채우거나, 습기 제거를 위해 신발 속에 넣어 두기도 하지. 물건 파는 가게에서 포장용으로 쓰이기도 하고.

어린이집이나 유치원에서는 신문이 놀이 도구로 사용되기도 해. 찢고 뭉치고, 가위로 오리고 접고, 낙서나 그림을 그리고 색칠도 하면서 쓰이거든. 아이들이 한글을 깨우칠 때 신문에 있는 글자를 이용하기도 하고 찾기 놀이도 가능해. 예를 들면 신문에서 가장 큰 글자 찾기, 네모 모양의 물건 찾기, 계절에 맞는 사진 찾기 등등이지. 실제로 해 보면 시간 가는 줄 몰라.

물론 신문이 제 용도로 쓰이기도 해. 일부 학교에서 신문을 활용한 학습을 하거든. 학교 전체가 하는 것이 아니라 신문 학습이 가능한 교사의 의지에 따라 진행되고 있어. 음, 또 없나? 별로 떠오르는 게 없네! 그러고 보니 신문은 뉴스와 정보를 전달하는 수단보다는 다른 용도로 사용되는 경우가 훨씬 많구나. 좀 씁쓸하군!

어쨌든 신문은 우리 사회에서 발생한 사건·사고나 정보를 알려 주는 정기 간행물이야. 매일 나오는 일간 신문이 대부분이고 주간, 월간도 있기는 해.

역사적으로 살펴보면, 기원전 131년경 로마 시대에 초기 단계의

신문이 있었어. 로마 제국의 공식 일일 공고문인 악타 디우르나ᵃᶜᵗᵃ
diurna야. 주로 황제의 칙령, 법률이나 재판의 결과를 다루었어. 로마
가 강력한 제국을 유지하기 위해서는 전 지역으로 그 내용이 전해져
야 했을 거야. 그래야 황제의 뜻을 알고 사람들이 따를 테니까. 나중
에는 결혼 또는 사망 소식 등을 포함한 각종 안내문도 추가되었대.
돌이나 철에 글씨를 새겨 광장 같은 곳에 마련된 게시판에 사람들이
볼 수 있게 했어. 공고문은 이틀 지나면 철거되어 따로 보관되었다
고 하는데 지금까지 온전하게 남아 있지는 않아.

근대 신문이 시작된 시기는 13~16세기야. 이 시기에 유럽에서
는 르네상스, 종교개혁, 오스만 제국과의 교류, 아메리카 대륙 발견
등의 엄청난 일들이 있었어. 뉴스에 관심이 커지면서 귀족들 사이
에 정보를 교환하는 편지 형태의 신문이 시작된 거야. 〈푸거 차이퉁
겐ᶠᵘᵍᵍᵉʳ ᶻᵉⁱᵗᵘⁿᵍᵉⁿ〉이라는 독일 푸거 가문의 서한 신문이 있는데 상업
상 필요한 뉴스와 정보를 수집했어. 세상이 바뀌면 큰 돈벌이가 되
잖아. 정보를 누구보다 먼저 알면 유리하거든. 더 빨리 더 자주 알수
록 유리하겠지. 그러다 보니 주간 신문이 나오고 일간 신문이 나오
게 됐을 거야. 세계 최초의 주간 신문은 독일에서 1609년에 나왔고,
1660년에 역시 독일에서 최초의 일간 신문이 나오게 되었어. 일간
신문 이름은 〈라이프치거 차이퉁겐ˡᵉⁱᵖᶻⁱᵍᵉʳ ᶻᵉⁱᵗᵘⁿᵍᵉⁿ〉이야.

우리나라는 15세기 조선 전기에 관보인 〈조보朝報〉 또는 〈기별
奇別〉이 있었어. 나이 많은 분들이 가끔 쓰는 "기별이 오나?" 또는
"간에 기별도 안 간다." 등의 표현이 여기에서 비롯된 용어가 아닌
가 하는 생각이 들어. 이건 개인적인 생각이야. 우리나라 최초의 근

대 신문은 〈한성순보〉이고 1883년 10월 31일에 창간했어. 개화파들이 외국의 사정을 널리 알려 개화사상을 높이려는 목적에서 만들었으나 갑신정변으로 폐간돼. 〈독립신문〉은 서재필 박사가 만든 한국 최초의 민간 신문으로 1896년 4월 7일 창간되었어. 세계가 어떻게 돌아가고 있는지 알리기 위해서 만든 거야. 〈조선일보〉와 〈동아일보〉는 1920년에 창간된 신문인데 1919년 삼일운동 이후에 일본이 문화정책의 하나로 우리 신문을 허용해서 탄생하게 되었어. 1988년에는 국내 최초로 국민 주주 형태로 〈한겨레 신문〉이 창간되었어.

스마트폰이 있는데, 왜 굳이 신문을 볼까?

신문의 기능은 크게 네 가지로 구분할 수 있어. 보도, 지도, 오락, 광고 기능이야.

보도 기능은 사회에서 일어나는 사건·사고 등에 관한 정보를 공정하고 객관적으로 제공하는 기능이야. 대부분 뉴스가 보도 기사라보면 돼.

지도 기능은 사회 현상이나 사회 문제를 알려 대중을 설득하고 이끌어서 가치·태도나 행동을 유도하는 기능이야. 신문에서 사설, 독자 투고, 칼럼을 비롯한 공익 광고가 여기에 포함돼. 사실, 지도라는 명칭은 고전이 되었어. 요즘엔 신문이 지도 역할을 한다고 여기는 사람은 별로 없거든. 언론 스스로도 그렇게 말하지 않지. '지도'라는 말은 시대 변화에 맞게 '논의와 토론' 정도로 표현하는 것이 적당한 것 같아.

오락 기능은 흥미 위주의 기사나 기분 전환, 휴식을 돕는 정보를 제공하는 기능이야. 소설, 영화, 연극, 만화, 스포츠, 여행, 탐방, 연예 등을 소개하고 있어.

광고 기능은 소비자나 대중에게 상품, 서비스, 아이디어 등을 제공하는 기능이야. 신문사의 수입원이기도 하지.

신문을 펼쳐 보면 많은 지면이 있는데 어느 것이나 처음 한두 면을 차지하는 뉴스는 신문사에서 가장 중요하게 내세우는 뉴스야. 신문사마다 중요하게 생각하는 뉴스는 차이가 날 수 있지만 큰 이슈는 다르지 않아. 2021년 하반기 주요 뉴스는 무엇일까? 코로나19 델타 변이와 4차 대유행, 백신 접종, 대통령 선거 후보 경선, 집값 폭등과 3기 신도시 개발 등 부동산 뉴스가 차지하고 있어. 지면의 순서는 달라질 수 있으나 정치, 경제, 사회, 세계, 문화, 스포츠, 오피니언 등으로 구성되어 있지. 차분히 들여다보면 읽을거리가 넘쳐나는 게 신문이야.

신문을 읽으면 뭐가 좋을까?

첫째, 우리 사회에서 무슨 일이 일어나고 어떻게 돌아가는지 알수 있어. 대중의 관심이 되는 뉴스가 무엇인지 알게 되고 대화할 때자기 목소리를 낼 수 있어. 관련 뉴스에 대한 자세한 해설과 여러 관점을 가진 사람들의 다양한 생각을 신문에서 읽고 말하고 싶은 게생기거든. 나아가 성향이 다른 신문사의 관련 칼럼이나 사설을 읽으면 기사 속 의도를 파악하고 미처 깨닫지 못한 이면을 알게 돼. 특히 큰 뉴스일 경우 시간을 두고 전개 내용이 일목요연하게 나타나 있어 전체 흐름을 알 수 있지. 한 가지 뉴스에 얽힌 복잡한 이해관계를 알아 가면서 판단 기준을 세우고 평가하는 데 도움이 돼. 청소년들과 직간접적으로 관계있는 뉴스나 정보라면 더 관심이 갈 거야.

둘째, 관심 있는 분야의 기사를 읽다 보면 어휘력이 향상되면서 자연스럽게 독해력도 좋아져. 문맥을 파악하며 읽게 되니 뉴스에 대한 전체적인 의미를 제대로 알고 이해할 수 있어. 신문을 통해 세상을 보는 시각을 기를 수 있을 뿐만 아니라 문해력까지 향상되니 신문을 멀리할 이유가 없는 거야.

인터넷이나 스마트폰으로 뉴스를 보면 되는데 왜 신문을 봐야 하냐고? 틀린 말은 아니야. 불과 10년 전까지만 해도 신문은 티브이, 라디오 등과 함께 사람들의 뉴스와 정보 욕구를 채워 주는 중요한 대중 매체였어. 그런데 신문에 대한 인식이 달라졌어. 스마트폰과 같은 기기를 이용해 뉴스를 보고 필요한 정보를 얻고 있으니 굳이 신문을 찾을 이유가 없어진 거야. 뉴스와 정보를 소비하는 새로운 경향이 나타난 거지. 기존의 언론이 뉴스의 가치를 일방적으로 전달하던 방식에서 벗어나 사람들이 스스로 판단하여 뉴스의 가치를 정하고 적극적으로 세상과 소통하게 되었거든.

새로운 형태의 뉴스와 정보들로 사람들의 욕구를 채워 주는 매체가 등장하는 현실을 부정할 수는 없어. 세상이 더 편리한 쪽으로 가고 있는데 거스를 수는 없는 거거든. 매체가 무엇이든 세상이 돌아가는 상황을 계속 접하고 있다는 것이 중요할지도 몰라.

그런데 인터넷으로 제공되는 상당수의 뉴스는 여전히 대형 언론의 비중이 적지 않아. 그 뉴스들이 인터넷에서 반복, 재생산되는 경우가 많아. 그 과정에서 뉴스가 의도적으로 가공되는 경우가 발생할 수 있으므로 인터넷 뉴스가 믿을 수 있는 것인지 확인할 필요는 있어.

세상의 변화에도 불구하고 신문이 존재하는 분명한 이유도 있지. 신문은 뉴스의 중요도에 따라 기사의 분량에 차이를 둬. 특히 중요한 뉴스에 대해서는 개요, 배경, 관점, 해설, 과거 유사한 이력 등을 기사와 사설, 칼럼 등을 통해 다양한 정보로 폭넓게 이해할 수 있어. 집중해서 읽을 수 있는 점도 좋아. 이리저리 손가락을 움직이다가 흥미로운 글이 있으면 방향이 흐트러지는 인터넷 뉴스에 비해 낫다고 할 수 있어.

2019년 1월 12일자 〈소년중앙〉에 흥미로운 기사가 올라왔어. "10대들의 뉴스 소비, 신문을 구독하는 장점". 기사에는 10대들은 종이로 된 매체보다는 스마트폰으로 뉴스를 보는 것이 훨씬 편할 텐데 신문이 특별히 더 좋은 몇 가지 이유가 소개된 거야.

신문에는 최근의 중요한 뉴스들이 주제별로 나와 있어서 사회가 돌아가는 흐름을 알 수 있고, 현재 일어나는 사건을 자세하게 알려주기 때문에 정보와 지식을 쌓을 수 있다고 답했어. 신문 지면을 차지하는 뉴스의 비중을 보면서 중요도를 알 수 있어서 신문이 낫다고 생각한다고도 했지. 그리고 인터넷 뉴스에 비해 신문은 급하지 않게 한 장씩 넘기면서 차례차례 읽을 수 있는 점이 좋대. 신문은 모든 분야의 뉴스를 다루고 있어서 검색을 통해 찾지 않아도 되고, 일상의 이야기나 소소한 에피소드까지 쉽게 접할 수 있어서 좋았다는 거야. 모바일에서 느끼지 못하는 더 많고 섬세한 이야기가 있다고 말했어. 게다가 신문이 자신의 생각과 관점을 다양한 방면으로 이끌어 낼 수 있어서 좋다고도 했어.

반면에 SNS는 가짜 뉴스가 돌고, 제재도 거의 없이 영상을 올리며 조회 수를 올리려고 무슨 짓이든 한다는 점에서 부정적이었어. 스마트폰으로 보는 뉴스는 시력에 좋지 않아서 신문을 구독하는 것이 훨씬 낫다고 했지. 신문은 자극적 기사가 적고 전문가 의견을 더 자세하게 알아볼 수 있으며 허위 사실이 거의 없다고도 했어.

신문을 뉴스와 정보의 소비처로 여기는 청소년이 있는 한 신문은 사라지지 않는다고 생각해. 다른 매체를 사용한 뉴스 소비 비중이 높아도 여전히 신문을 고집하는 사람들은 있을 거니까 말이야. 덧붙이면 신문이 지닌 특유의 향과 종이의 질감, 넘기는 손맛도 좋아.

기사의 종류에는 어떤 것들이 있을까?

신문의 기사는 많은 사람에게 새로운 소식을 알리기 위해 쓴 글이야. 문장이 정확하고 간결하며 뜻이 뚜렷해야 좋아. 또 육하원칙에 따라 기사를 쓰게 되는데 누가, 언제, 어디서, 무엇을, 어떻게, 왜, 이렇게 여섯 가지야. 기사는 육하원칙 중에 가장 중요하다고 여기는 것을 맨 앞에 두고 나머지 요소들은 그 비중에 따라 적절히 배치하지. 그렇다고 기사에 늘 여섯 가지가 다 나타나 있는 것은 아니야.

기사의 유형에는 보도 기사, 해설 기사, 논평 기사, 칼럼column,

르포reportage, 인터뷰interview, 독자 투고가 있어.

보도 기사는 정치, 경제, 사회, 문화, 스포츠, 과학, 환경 등에 걸쳐 신문의 대부분을 차지하고 있어. 신문에서 기사를 읽는다는 건 대개 보도 기사야. 어디에서 무슨 일이 있었는지 알 수 있거든. 읽는 사람의 성향에 따라 지면의 처음부터 차례로 보는 사람이 있는가 하면 가장 관심이 있는 지면부터 먼저 읽는 사람도 있어. 바쁘면 신문을 넘기면서 기사의 제목과 첫머리만 우선 보고 나중에 시간을 내서 다시 관심을 가졌던 기사를 읽기도 하지.

다음은 방탄소년단BTS이 발표한 〈버터butter〉에 관한 여러 신문의 보도 기사 제목과 첫 부분이야. 우선 읽어 봐.

방탄소년단 〈버터〉, 6주 연속 빌보드 싱글 차트 1위⋯ 매주 신기록 행진

그룹 방탄소년단이 신곡 〈버터〉로 미국 빌보드 종합 싱글 차트인 '핫 100'에서 6주 연속 1위를 차지했다. 빌보드는 7일 공식 소셜미디어 계정을 통해 "방탄소년단의 〈버터〉가 10일자 핫 100에서 1위를 차지했다"고 밝혔다.

≫ 〈한국일보〉 2021년 7월 7일, 고경석 기자

BTS 〈버터〉 빌보드 7주 연속 1위⋯ 신곡 〈PTD〉 바통터치 눈앞

방탄소년단이 빌보드에서 새로운 역사를 쓰고 있다. 미국 빌보드는 12일(현지 시간) 방탄소년단의 두 번째 영어 싱글 〈버터〉가 메인 싱글 차트인 '핫 100'에서 7주 연속 1위에 올랐다고 밝혔다.

≫ 〈중앙일보〉 2021년 7월 13일, 민경원 기자

BTS 넘을 수 있는 건 BTS뿐이었다

방탄소년단을 넘어설 수 있는 건 방탄소년단뿐이었다. BTS의 세 번째 영어 신곡 〈퍼미션 투 댄스permission to dance·PTD〉가 앞서 빌보드 메인 싱글 차트에서 7주 연속 1위를 차지한 자신들의 노래 〈버터〉와 바통 터치하며 정상에 등극했다.

≫ 〈동아일보〉 2021년 7월 21일, 김기윤 기자

읽어 보면서 어떤 생각을 했을까? 그래! 시간이 지나면서 BTS에 대한 뉴스가 일주일 간격으로 바뀌고 있다는 걸 눈치챘을 거야. 보도 기사는 사실을 신속하게 알리는 것이 중요해. 매일매일 나오는 새로운 뉴스는 또 하나의 생명체라고 볼 수 있어. 대통령 선거 같은 경우, 보도 기사는 시간이 지나면서 계속 새로운 내용이 추가되기 때문에 시간을 두고 변화의 흐름을 파악하기에 좋아.

때로 기자는 전문가의 입을 빌어 의견을 밝히기도 해. 신문사와 같은 성향인 전문가를 찾게 되고 그 방향으로 기사가 나온다고 봐. 그렇다고 모든 기사에 대해 신문사의 성향이 갈리지는 않아. 문화,

예술, 과학 분야의 성과에 대해서는 평가가 크게 다르지 않다고 봐도 좋을 거야. 보도 기사와 함께 사설, 칼럼 등 몇 개의 관련 기사를 읽으면 다양한 관점에서 바라보게 되고 스스로 정리가 가능해.

해설 기사는 뉴스에 대한 겉모습보다는 처음부터 끝까지 친절하고도 꼼꼼하게 설명해 줘서 원인, 동기, 의미, 배경 이해가 가능해. 뉴스에 대한 전체적인 이해를 하는 데 도움이 되지. 관련 보도 기사와 잇따라 읽으면 좋아. 글쓰기의 설명문과 유사해서 뉴스 전체를 글로 정리하면 쓰기에 도움이 되고 친구들과의 대화를 주도적으로 이끌어 갈 수 있어. BTS의 인기를 경제와 연결해 이해의 폭을 확장하면 대화에서나 쓰기에서도 밀리지 않아. BTS가 우리 경제에 어떤 영향력을 미치는지에 관한 흥미로운 기사가 있어.

"BTS 세트 사려면 줄을 서시오" 포장지 27만 원에 팔리기도

맥도날드 BTS 세트는 지난 5월 26일 미국·캐나다·브라질을 시작으로 전 세계 50개국에서 판매 중이다. 맥도날드는 "BTS와 엮이면 무조건 인기를 끈다"는 믿음 하에 전 세계 아미*들을 타겟으로 매출을 끌어올리겠다는 전략으로 BTS 세트를 기획했다. BTS 세트는 방탄소년단 멤버 7명이 좋아하는 메뉴로 구성했다. 치킨 맥너겟 9~10조각, 감자튀김(M)과 콜라(M), 디핑소스 두 가지다.

맥도날드 관계자는 "지난달 27일부터 이달 3일까지 맥너겟 국내 일

* 방탄소년단의 열혈 팬

평균 판매량이 'BTS 세트' 출시 전 4주간 일평균보다 283퍼센트 급증했다"며 "이번에 BTS 세트를 출시하지 않은 일본, 프랑스 등에서도 반응이 뜨거울 줄은 몰랐다. 판매국 추가, 판매 기간 연장 등은 글로벌 본사에서 결정할 것"이라고 했다.

'BTS 세트' 판매 첫날인 6월 9일(현지 시각), 인도네시아의 맥도날드 매장 십여 개가 영업을 중단했다. AFP 통신에 따르면 수도 자카르타와 일부 도시의 맥도날드 매장 13곳 이상이 일시 영업을 중단했다. 외신은 BTS 세트를 사기 위한 손님과 음식 배달기사들이 몰리면서 벌어진 일이라고 전했다.

맥도날드 'BTS 세트'가 세계 곳곳에서 진풍경을 연출하고 있다. CNN에 따르면 이날 미국을 비롯한 12개국의 맥도날드 매장에서 BTS 세트가 처음으로 판매를 개시하자, 반응은 뜨거웠다. 출시 직후부터 유튜브와 페이스북 등 소셜미디어에 BTS 세트를 구입하고 시식하는 인증 영상과 사진이 쏟아지고 있다.

프랑스, 일본 등 BTS 세트를 출시하지 않는 나라 팬들은 온라인 청원을 개시하며 판매를 요구하기도 했다.

전 세계 그룹 '방탄소년단' 팬은 BTS 세트를 먹은 후 포장지를 소장하거나 텀블러, 폰케이스 등으로 리폼했다. 리셀*도 활발하게 이뤄지고 있다. 말레이시아 팬은 지난달 27일 온라인상에 BTS 세트 종이봉투를 '1000링깃(약 27만 원)에 판매한다'고 남겨 화제를 모았다. 또 다른 해외 팬은 'BTS 세트 종이봉투 120개를 $150(약 17만원)에 판매한다'고 알렸다. 해외 팬들은 종이봉투와 포장지를 세척해 빨래 건조대에 말리거나,

---

* 한정판 제품 등 인기 있는 상품을 구매한 뒤 비싸게 되파는 일

투명한 아크릴 박스에 보관했다.

맥도날드 크루(종업원) 티셔츠를 구하는 글도 쇄도했다. 이 티셔츠 왼쪽 가슴 부위에는 방탄소년단, 맥도날드 로고와 함께 'ㅂㅌㅅㄷ' 'ㅁㄷㄴㄷ'라는 한글 자음이 새겨져 있다. 50개국 크루 모두 이 티셔츠를 입고 BTS 세트를 판매하는 것으로 알려졌다.

≫ <서울신문> 2021년 6월 10일, 김채현 기자

정말 대단하지 않니? BTS가 세계적인 스타이기는 한가 봐. BTS가 입고 먹고 사용하는 것이면 '완판'이 되거나 품절이 되니 경제 파급력은 놀랄 지경이야. BTS가 모델로 나오는 광고는 물론이고 한국에서 만든 물건이라면 전체적으로 매출이 올라가는 경향마저 있어. 돈 많이 벌어 좋겠다며 부러워하는 소리가 여기저기서 들려. 노력해서 번 돈 가운데 기부도 많이 하고 있더라고. 아미를 비롯한 많은 이들에게 선한 영향력을 미치고도 있지. BTS의 왕성한 활동이 이어지기를 응원해.

BTS의 〈버터〉가 빌보드 핫 100에서 7주 연속 1위를 하는 뉴스에서 시작해 경제, 기부 등 다양한 관점으로 그들을 볼 수 있게 제공되는 기사도 해설 기사의 한 면이라고 생각해.

논평 기사는 뉴스와 관련된 의견을 밝혀 독자에게 의식과 행동의 방향을 제시하는 글이야. 사설이 논평 기사지. 사설은 뉴스에 대한 신문사의 입장이라고 생각하면 돼. 신문사마다 하나의 뉴스에 대해서 의견을 밝히는 거야. 같은 뉴스라도 의견이 신문사마다 다르거

든. 사람들은 보도 기사와 함께 사설을 읽으며 나름대로 의견과 입장을 세우기도 해. 예전에는 신문사의 사설을 쓰는 숙제가 있었는데 정말 하기 싫었어. 지금도 있을까? 논설문과 연계한 읽기, 쓰기에 효과적이야.

칼럼은 정해진 기고란이야. 신문사와 일정 기간 글을 쓰기로 약속한 글쓴이가 이름을 밝히고 뉴스와 관련한 자신의 의견이나 입장을 쓴 글이지. 모든 칼럼이 다 그런 것은 아니지만 문장이 대체로 부드러우며 짧아. 어려운 용어나 한자 사용이 비교적 적고 생활 주변의 소재가 많아서 친근해. 특정 뉴스에 대한 다른 주장과 의견을 비교할 수 있어서 판단력과 분석력을 기르는 데 도움이 될 거야. 칼럼의 한 예를 같이 볼게.

상대적 서열화가 지배하는 사회

'상대적 서열화'의 문화가 우리 사회 곳곳에 팽배해 있다. 상대적 서열화란 서로 비교된 차이를 수직적 우열 관계로 재배치함으로써 사회적 질서의 기준으로 삼는 방식을 말한다. 학교에서 상대 평가로 매겨지는 성적과 등급, 상대적으로 서열화된 대학들, 연봉에 의해 서열화된 일자리들, 수도권으로부터의 거리로 서열화된 전국 시·도, 은행 신용 등급 등등. 우리는 서열화가 지배하는 세상에 살고 있다.

학교는 이런 서열화를 어릴 때부터 조장하고 익숙하게 하는 핵심 장치이다. 자신이 몇 등급에 해당되는지를 어릴 때부터 뼈저리게 느끼게 해 준다. 그렇게 습득된 서열화의 체험은 나이를 먹어서도 쉽게 사라지지 않는다. 오히려 증폭될 뿐이다. 사회는 서열화 프레임을 모두에게 강요하며, 우리 스스로도 그런 서열 안에 자신을 가둔다. 상대적 서열이 부여되지 않는 평등이라는 단어가 오히려 낯설다. 아이러니하게도 서열이 명명백백하게 매겨지는 그런 사회를 우리는 '공정사회'라고 부른다. 서열화가 사라진 사회를 상상하는 건 마치 몸이 사라진 영혼처럼 기이하고 어색한 일이다.

이런 상대적 서열화가 능력주의 속에 숨으면서 기묘하게 우리 사회를 차별사회로 만들어 낸다. 성이나 인종과 달리 능력 차이가 만들어 내는 차별성은 오히려 당당하게 자신의 우월성을 정당화한다. 공정성과 과학적 척도라는 이름의 정교하고 치밀한 방법을 동원하여 서열화의 부정적 측면을 무력화한다. 또한 그런 생각들이 재생산되는 곳이 학교나 교육이라는 점에서 능력 차이를 인간 차별로 확대하는 논리 위에 도덕성이라는 옷이 덧입힌다.

적어도 성차별이나 인종 차별이 사회적 범죄라는 걸 우리는 잘 안다. 반면 능력에 따른 '차이'는 '차등'을 넘어 '차별'로 이어져도 좋다는 생각이 여전히 지배적이다. 서열화를 가르는 공정성만 보장된다면 능력에 따른 차별은 정당화될 수 있다고 본다. 상대적 서열화는 카피캣*에게 유리한 사회 질서를 만들어 준다. 단지 높은 서열에 있는 자들과 비슷해지는 것이 자신의 서열을 높이는 과정이 되기 때문이다. 모방사회를 부추기지만 창조사회를 만드는 데에는 한계가 있는 사회 모형이다.

상대적 서열만이 존재하는 곳이라면, 모든 상대적 차이는 수직적 우열로 재위치된다. 모든 차이는 완성품과 불량품의 스펙트럼으로 환원된다. 서열이 낮다는 것은 뭔가 문제가 있는 불량품이라는 뜻이다. 다양성

---

* 모방하는 사람, 또는 인기가 있거나 잘 팔리는 제품을 그대로 모방하여 만든 제품

이 설 땅이 없다. 상대적 서열만 존재한다면 오케스트라는 소리를 맞출 수 없다. 색깔끼리 경쟁한다면 색채 예술은 나올 수 없다.

상대적 서열화는 능력주의가 민주주의라는 외피를 입고 만들어 낸 기이한 사회 병리 현상일 뿐이다. 능력주의란 능력자가 사회를 지배할 권력을 갖는다는 사회 이념이며, 명백히 민주주의 원칙에 위배된다. 민주주의와 평등을 모범적으로 지향하는 스웨덴은 민주주의를 위해 엘리트주의 혹은 영재 교육을 희생하는 전형적인 국가이다(하지만 영재가 차고 넘친다). 예전에 스톡홀름에서 교육청 국장으로 일하던 한국인에게 들은 이야기가 있다. "우리 같은 경우에 의사가 된다든가 권력을 가진다든가 돈을 많이 번다든가 하면 성공했다고 하고 자랑하는데, 이 사람들은 그렇게 얘기 안 해요. 그렇게 얘기하면 큰일 나요. 저 사람 성공한 거 같다. 이런 얘기 잘 안 해요. 그런 표현을 못하게 되어 있어요. 그런 표현을 하면 저 친구 머리가 돌았나… 엘리트주의적인데라고 생각해요. 애가 얼마나 행복한가가 더 중요해요. 성공은 큰 의미가 없어요."

상대적 서열화 사회를 재생산하는 핵심 기제가 바로 학교라는 사실은 진정 부끄러운 일이다. 학교는 차이를 차등화하고 서열화하기 위해 교육의 정상성을 비튼다. 학생들의 등급을 나누려고 오답을 유도하는 '변별력'이라는 것은 바로 서열화 사회를 만들기 위해 탄생한 괴물일 뿐이다. 교실 안에서의 등급화된 결과가 대학을 거쳐 일터까지 이어지는 삶을 강요하는 사회에서 삶의 목적은 결국 끊임없이 서열을 높이는 일이 될 수밖에 없다. 교육의 목적은 두 가지뿐이다. 하나는 삶이 무엇인지를 가르쳐 주는 것이며, 다른 하나는 그 삶에 필요한 제법 괜찮은 도구를 손에 쥐어 주는 것이다. 서열화는 교육과 아무런 상관이 없다.

민주주의에서의 평등은 법적·제도적 차원을 넘어 개개인의 신념과

감수성 안에 자리 잡아야 한다. 상대적 서열화를 부추기는 일은 성차별이나 인종 차별만큼이나 큰 범죄적 행위이다. 하지만 한국은 이미 상대적 서열에 기초한 차별사회이며, 반칙으로 서열을 뛰어넘어도 양심의 가책은커녕 오히려 자랑거리가 되는 그런 사회가 되어버렸다. 공존과 신뢰는 이미 존재감을 잃었다.

>> <경향신문> 2021년 6월 10일, 한숭희(서울대학교 교육학 교수)

칼럼을 읽으면 공감되는 내용도 있고, 글쓴이와 생각이 다를 수도 있어. 주장에 공감하는 사람도 있지만 강한 반발을 하는 사람도 있기 마련이야. 같은 사안에 대해서 칼럼을 쓰는 사람에 따라 생각이 다를 수도 있어. 여러 사람의 칼럼을 읽어 보며 어떤 차이가 있는지 살펴보는 것도 신문 읽기에 도움이 될 거야. 읽은 뒤 공감되면 공감되는 대로 공감 안 되면 안 되는 대로 글을 쓰면서 자기 생각을 정리해 보는 것도 쓰기에 도움이 돼.

르포는 현장 상황을 알리는 기사야. 현장감이 생명이며, 현장에서 벌어지는 일을 시간에 따라 사실대로 기술하지. 원인과 결과를 서두와 결말에 밝히고 있어서 현장 상황을 빠르게 파악하는 데 도움이 돼. 기록문, 견학문, 수필과 비슷하며 글의 전개 방법을 익히는 데 효과적이야.

인터뷰는 어떤 인물이나 단체를 대상으로 의견, 주장, 경험을 취재해 기자가 정리하고 집필한 기사야. 독자가 원하는 인물이나 단체를 인터뷰해 정보를 제공하지. 인터뷰를 위해서는 사전에 약속을 잡아야 하고 여의치 않을 때는 이메일로 질문지를 보내 답을 받기도 해.

예로서 기후 변화의 심각성과 이를 극복하기 위해서 인류가 무엇을 해야 하는지 인터뷰한 기사를 소개할 게. 기자의 질문은 줄이고 부경대학교 김백민 교수의 대답을 중심으로 한 기사야.

"평균 1도만 올라도 온갖 재난, 에너지 정책 대전환 필요"

"화석 연료 대전환기에 돈과 기후, 에너지는 한 몸입니다. 관심을 갖고 안 갖고의 문제가 아니라 기후와 에너지로 돈이 몰리고, (이런 변화가) 개개인의 삶에 지대한 영향을 미칠 거예요."

기후과학자이자 극지전문가인 김백민 부경대 환경대기과학과 교수(위험기상·이상기후 예측 전공)는 단호했다. 의심 많은 과학자들은 보통 단언을 하지 않는데, 무엇이 15년 동안 기후 변화를 공부한 학자를 이렇게 확신하게 만들었을까 궁금했다. 지난달 『우리는 결국 지구를 위한 답을 찾을 것이다』를 펴낸 김 교수를 12일 인터뷰했다.

김 교수가 기후 변화가 현재 진행 중이라는 확신을 가진 것은 3년 전이다. 미국 기상학자 줄 차니Joule Gregory Charney가 1970년대에 쓴 기후 변화 보고서를 읽고 나서다. 당시 전 세계는 수십 년 동안 이상 한파와 폭설에 시달렸다. 당시 주요 언론들은 빙하기 도래를 걱정했지만 줄 차니는 기후 변화에 주목하고 지구 온도가 상승할 것이라고 예측했다. 그리고 상승했다.

"과학자들은 실험실에서 (가설이 맞는지) 입증을 합니다. 하지만 지구를 대상으로는 실험을 할 수 없어 컴퓨터 시뮬레이션으로 대체하는데 불확실성이 상당하죠. 각국 기후 모델마다 예측 결과가 다 다르거든요. 그런데 줄 차니가 사용한 모델이 현대 기후과학자들이 계산하는 미래와 거의 일치해요. 이를 계기로 기후과학의 불확실성은 크지만, 이들의 연구를 종합한 결과는 믿을 만하다고 확신하게 됐어요."

'기후 변화에 관한 정부간 협의체IPCC'는 1990년부터 전 세계 과학자들이 내놓은 모든 연구값을 종합·정리해 발표하고 있다. IPCC는 이대로 가면 2100년께 지구 평균 온도가 3도 정도 오를 것이라고 예측한다.

"북미 지역에 50도를 넘는 폭염을 보세요. 겨우 1도 정도 평균 온도가 상승한 지구에서 벌어진 일입니다. 대중들이 기후 위기를 심각하게 받아들여야 한다는 시그널을 지구는 계속 주고 있어요."

지구가 보내는 이상 신호를 받아들이지 못하는 사람들은 여전히 있다. 김 교수는 기후 변화 부정 이유를 기후과학의 더딘 속도, 비과학적 공포심 조장에 대한 역작용이라고 봤다. 역사 속 기후가 어떠했는지 복원해 현재 기후 상태를 정확하게 진단하는 인공위성 기술 등은 빠르게 발달했지만, 미래 기후를 예측하는 모델링 분야 불확실성은 여전히 크다는 것이다. 또 전 지구 평균 기온이 금세기 말까지 3도 오를 것이라는 과학자들의 예상을 넘어서서 5도 이상 올라 인류 문명이 결국 멸종할 것이라는 과도한 주장도 과학자의 눈에는 거슬린다.

"지구 평균 온도가 약 15도입니다. 3도 오르면 지구가 더워지는 건데, 5도가 오르면 남극 얼음이 다 붕괴돼요. 문제는 3도와 5도 차이에 있죠. 숫자로는 작아 보이지만, 과도한 해석은 경계해야 합니다."

그럼에도 불구하고 김 교수 같은 과학자들이 주목하는 것은 기후 변화의 속도다. 45억 년 지구 역사 중 기후가 변하지 않은 시기는 없었지만, 지금 가장 빠르게 변하고 있기 때문이다. 기후 변화를 부정하는 이들은 보통 산업혁명 이후 전 지구 평균 온도가 1도 정도밖에 오르지 않았다며 앞으로도 0.5도 정도 오르는 데 그칠 것이라고 주장한다. 그러나 과거 빙하기에서 간빙기로 변한 1만 년 동안 지구 평균 기온은 4도가량 상승했는데, 지난 100년 동안 이미 1도 이상 올랐다. 이 때문에 김 교수는 온도 상승 폭보다는 상승 속도가 기후 위기 증거가 될 수 있다고 짚었다.

어떻게 이 위기를 극복하고, 이미 도래한 위기에 적응할 수 있을까. 김 교수는 세계 각국이 내건 탄소 중립 목표 자체에 집중하는 것도 중요하지만, 에너지 정책을 뒷받침하는 가치관 전환이 더욱 중요하다고 강조했다.

그는 환경운동가들이 주장하듯 날씨·기후에 영향을 받는 풍력·태양광 등 재생 에너지만이 지구를 구원할 수 있다고 보지 않는다. 물론 화석 연료를 재생 에너지로 전환해야 하지만 재생 에너지의 불완전성을 보완해 주는 인프라가 반드시 필요하다고 했다.

"정부 정책을 보면 재생 에너지 설비 용량 증축에 집중하는데 이보다는 재생 에너지가 산업 전반에 사용될 수 있는 전력망 확충과 함께 신재생 에너지 저장 장치ESS가 필요합니다. 탄소 감축뿐 아니라 에너지 정책 전반이 바뀌어야 해요."

>> 〈한겨레신문〉 2021년 7월 18일, 최우리 기자

인터뷰 기사는 질문을 하면 대답을 하는 형식으로 할 수도 있지만 대상자가 대답한 부분을 묶거나 요약해서 쓰기도 해. 아무래도 문답식이 진솔한 대답을 들을 수 있다는 생각이야. 인터뷰할 때는 사전에 인터뷰 질문을 주고 충분히 생각한 답을 듣는 것이 효과적이지.

독자 투고는 사회 각계각층에서 활동하는 사람들이 자신의 견해

나 중요한 문제에 대한 의견을 내세우는 공간이야. 따라서 독자들의 다양한 주장을 볼 수 있어서 글쓰기에 도움이 돼. 예를 들어 투고한 이의 주장에 반대 의견을 가지고 있다면 반박하는 글을 써 보는 거지. 미처 알지 못한 여러 지역의 사회 현상을 독자 투고를 통해 이해하고 공감할 수 있어.

그밖에 단신과 기타 정보 공지란이 있어. 단신은 취재 현장에서 일어난 사실이나 정보를 1~3개 문장으로 추려서 보도하는 기사야. 알림, 모집, 공연, 강습, 취업, 개업 등이지. 구분하기 애매한 일기예보, 주식, 금리표, 방송 편성표, 만화·만평, 도표, 그래프, 운세, 퍼즐, 지면 안내, 바둑, 환율, 광고 등도 자리를 차지하고 있어.

관점과 판단 기준을 올바로 세우기 위해서는?

신문을 읽다 보면 보관하고 싶은 정보나 기사가 있기 마련이야. 나중에 활용 가치가 있다고 판단되는 정보, 뉴스의 추이를 지켜보기 위해 일정 기간 모은 관련 기사, 학교에서 모둠으로 해야 하는 과제에 필요한 기사 등 신문이 요긴하게 쓰일 때가 있어. 그런 경우를 대비해 스크랩이 필요해. 스크랩을 한 기사나 정보는 더욱 자세하게 읽게 되거든. 모으면 도움이 되는 것은 그때그때의 주요 뉴스를 비롯한 과학 기사, 각종 사진, 해설 기사에 포함된 도표나 그래프, 통계 자료 등이야. 스크랩 자료가 많아지면 주제별로 파일을 만들어 보관하면 좋겠지? 또 시기가 지나 계속 보관할 이유가 떨어지는 기사나 자료는 정리할 필요가 있어. 수치가 나오는 자료는 새로운 자료가 나오면 바꿔야 하고, 사진도 최신 것으로 하고 가능하면 색상이 있고 선명하고 클수록 좋아.

여기서 단계가 올라가면 단순히 기사만 스크랩하는 것이 아니라 자신의 지식으로 만들어 활용 가치를 높일 수 있어. 필요에 따라 걸러 내고 덧붙이는 거야. 스크랩한 기사나 자료 가운데 꼭 필요한 부분만 다시 추려내 이면지 등에 알기 쉽게 재편집하는 거라고 이해하면 돼.

신문을 읽을 때 여러 신문을 비교하며 읽으면 도움이 돼. 여기서 우리가 짚고 넘어가야 할 점이 있어. 신문에 나오는 기사를 그대로 믿어야 하나 하는 거야. 사실 보도가 기본이기는 하지만 신문사는 나름대로 자신의 이익에 맞는 방향으로 사실을 바라보고 분석하고 전달하는 면이 있거든. 따라서 신문은 사실을 전달하는 것이 아니라 그 사실을 바라보는 '시각'을 전달하는 거야. 신문사마다 성향이 달라서 그런 거지. 그래서 같은 뉴스인데도 신문사마다 생각하는 것이 다른 거야. 그러니 여러 신문을 비교해서 보다 보면 자신만의 관점을 세울 수 있어. 신문을 읽을 때 교과나 주제 중심으로 읽어 보는 것도 괜찮은 방법이야. 그리고 책, 티브이, 영화, 인터넷 같은 다른 매체와 연계해서 보면 더욱 좋아.

검색만 있고 사색은 없다는 말이 있어. 인터넷에서 필요한 것을 검색해 읽거나 일방적으로 노출되어 있는 뉴스와 정보를 무심코 읽지만 그 이상은 없어. 뉴스는 알아도 그에 대한 자신만의 관점이 없다는 거야. 인터넷에 들어가면 뉴스와 정보는 넘쳐나는데 그 널려 있는 정보와 뉴스를 어떻게 평가하고 바라봐야 하는 걸까? 그러다 보니 주장이나 의견이 뉴스가 되어야 한다고 말하는 이도 있어. 또 앞으로의 신문은 다양한 관점과 설득력 있는 주장, 정확한 분석과 의견을 볼 수 있는 토론의 장을 만들어 내는 역할을 해야 한다는 말도 나오고 있지.

우리 사회에서 일어나는 사건, 사고, 이슈, 경향, 유행 등에 대해 나는 어떻게 생각해야 할지 방향을 정해야 할 때가 있어. 바로 관점과 판단 기준을 세우는 거야. 그러기 위해서는 신문을 읽으면 도움이 돼. 성향이 다른 신문을 함께 보면 더 좋지. 관심 있는 주제와 연관된 기사와 칼럼, 사설, 독자 의견 등을 읽으면 몰랐던 사실을 알게 되거나 평소 시각과는 다르게 바라보거나 나와 비슷한 생각의 기사에 공감하면서 관점과 판단의 근거가 정리가 되거든. 평소에 신문을 읽으며 이슈에 관한 자신의 생각을 다듬어 나가면 나만의 올바른 판단 기준이 서게 될 거야.

요약정리

- **신문은 사회에서 발생한 사건·사고나 정보를 알려 주는 정기 간행물이야.**

- **신문을 읽으면 뭐가 좋을까?**
  1. 사회에서 무슨 일이 일어나고 어떻게 돌아가고 있는지 알 수 있어.
  2. 어휘력이 향상되면서 자연스럽게 독해력도 좋아져.
  3. 자신의 생각과 관점을 다양한 방면으로 이끌어 낼 수 있어.

- **기사는 보도 기사, 해설 기사, 논평 기사, 칼럼, 르포, 인터뷰 등이 있어.**

청소년,
세상에 대해 말하다

사회 곳곳에서 일어나는 일을 언론 매체를 통해 알리는 사람을 기자라고 해. 신문사에는 보도 기사를 쓰는 기자, 해설을 맡아 쓰는 기자, 사설을 통해 뉴스에 대해 논평하는 기자, 칼럼을 담당하는 기자 등 다양한 분야의 기자들이 있어. 각각의 기사는 독자들이 뉴스를 여러 각도로 보고 판단할 수 있게 도와주지.

청소년들이 기자로 활동하면 신문사처럼 여러 기자가 쓰는 다양한 기사를 다 감당하기는 쉽지 않아. 그렇다고 보도 기사만 써서는 뭔가 부족해. 청소년 기자들이 써야 할 기사에는 보도 기사를 기본으로 하면서 해설·논평 같은 글이 들어가고, 필요에 따라 현장 취재인 르포·인터뷰·설문 조사 등의 활동을 보태면 좋아. 그렇게 작성한 기사는 현장감 있고 비판적이며 독자에게 전달하고픈 메시지가 분명하게 있는 글이 될 거라고 믿어.

실제로 인터넷에 소개된 청소년 기자들의 글을 보면 이슈가 되는 사실을 보도하면서 드러난 문제들을 비판하고 해결책을 제안하거나 해결을 요구하는 기사가 많아. 청소년들의 글 또는 기사는 복합적이야. 이런 글은 논설문의 특징이 있어. 그렇다 보니 중고등학교 신문 동아리를 비롯한 몇몇 동아리들의 활동은 글이나 기사를 생산해 내면서 진학의 디딤돌 역할을 하기도 해.

세상에 다양한 일이 발생하는데 그런 뉴스 가운데 일부는 반복적으로 발생한다는 것을 느낄 때가 있어. 그런 사건·사고들이 처리되는 과정에서 드러나는 공정하지 못한 부분에 대해 청소년들은 과감하게 목소리를 내야 해. 역사의 전환점에서 청소년들의 그런 모습과 목소리가 변화의 주춧돌이 되기도 했거든. 다양한 분야에 관한 관심이 글감이 되고 기삿감이 되는 거야.

그렇지만 청소년 혼자서 기사만 읽고 술술 써 내려가기는 쉽지 않아. 나는 청소년들과 신문을 통해 사회를 알아 가는 활동을 하고 있어. 신문 활용 학습NIE이라고들 하지. 신문의 기사를 활용해 우리 사회가 어떻게 돌아가고 있는지 알려 주는 거야. 그때그때 가장 이슈가 되는 뉴스를 읽고 토론하고 생각을 정리하여 쓴 결과물이 나올 수 있도록 도와주고 있어. 내 역할은 청소년들에게 질문을 던지고 스스로 생각을 정리할 수 있도록 해 주는 거야.

큰 사건은 청소년들도 알고 있어. 어느 정도 알고 있는지 질문해 보면 대충 사건의 윤곽은 알고 있거든. 대부분은 거기까지야. 사건의 주요 내용을 파악하고 원인이 무엇인지 살펴볼 수 있도록 기사를 제공하고 이해도를 높일 수 있게 질문을 던지지. 뉴스를 어떻게 바라봐야 하고 다른 사람들의 의견은 어떤지 알아 가는 과정도 필요해. 다른 성향의 언론을 알려 주거나 스스로 찾아보도록 유도하는 편이야. 중요한 것은 짚어 주고 나머지는 검색을 통해서 알게 하지. 그렇게 하려면 대부분 내용을 미리 준비해 놔야 해. 주요 내용을 알고 다양한 의견을 접하면서 자기 생각을 정리해야 비로소 글이 나올 수 있는 거야. 나는 그런 글이 나오도록 도와주고 있어. 이런 활동이 어느 정도 지나고 나면 혼자서도 가능해.

이 과정을 거쳐서 청소년이 쓴 기사를 몇 개 소개할게. 자! 청소년들의 시각으로 우리 사회를 바라보고 진단하며 느낀 그대로의 살아 있는 글, 읽어 보며 공감해 봐. 청소년 기자가 아니어도 세상을 보는 자신의 관점을 세운 청소년이라면 이런 글을 쓸 수 있어. 기자건 아니건 사회를 바로 볼 줄 아는 청소년이라는 게 중요한 거야. 다

음에 이어지는 글들은 〈곰곰이 신문〉에 실은 글들이야. 시간이 좀
지났지만 지금도 여전히 공감이 가는 글들이야.

만 18세에게도 투표권을

우리나라의 청소년들은 외친다. 만 18살에게도 투표권을 달라고. 청소
년인 나 역시 이 목소리에 동참한다. 그러나 어떤 어른들의 귀에는 이러
한 소리들이 들리지 않는다. 아니, 들으려 하지 않는다는 것이 더 맞는
표현인 것 같다. 그들이 18살의 투표권에 반대하는 것은 미성숙한 청소
년들에 대한 우려일까, 아니면 변화에 대한 두려움일까?

　18살은 결코 미성숙하지도, 무지하지도 않다. 최순실 사태*, 박근혜
탄핵과 같은 엄청난 사건들이 꼬리를 물며 터질 때 학생들의 울림은 작
지 않았다. 자신의 생각을 소신 있게 펼칠 수 있는 존재들이었다. 이렇
게 보았을 때 지금까지 어른들이 결정하고 만들어 가는 세상에서 생각
없이 살아갔던 우리들은 어쩌면 이 사회의 또 다른 꼭두각시였던 것일
지도 모르겠다.

　외국에서 벌어지는 선거를 보면서 우리나라와 조금 다르다고 생각했
던 것이 있다. 외국에서는 젊은 사람들이 선거에 출마하는 모습을 쉽게
볼 수 있다. 그에 비해 우리나라 정치인들의 평균 연령은 왜 그렇게 높
은지 궁금했다. 생각해 본 끝에 이는 젊은이들의 정치에 대한 무관심 속

---

* 18대 대통령 박근혜는 최순실에게 어떠한 적법한 절차 없이 국정과 인사 문제 등을
맡겼다. 최순실은 이를 통해 국가의 운영을 제 마음대로 부리며 사적 이익을 취했다. 이
런 사실이 드러나자 국민적 저항이 크게 일어났고, 2017년 3월 대통령 박근혜는 탄핵되
었다.

에서 조성된 결과라는 결론을 내렸다. 세상에서 벌어지고 있는 일에 듣는 귀를 닫고 보는 눈을 가리고 공부를 해 오고 입시를 바라본 대한민국의 학생들을 보았을 때 이는 당연한 일이었다. 하지만 이번에 우리나라 전체를 뒤집어 놓은 사건들이 벌어지면서 학생들은 우리 사회에 큰 관심을 가지게 되었고 그들만의 색깔을 나타낼 줄 알게 되었다. 그리고 이 관심이 이어질 수 있도록 만 18세 투표권을 통과시키는 것이 우리나라가 학생들을 위해서, 우리나라를 위해서 해야 할 일이다.

학생들은 사회를 변화시키는 원동력이 될 것이다. 그리고 그것은 만 18세 투표권으로부터 시작될 것이다.

≫ 여름(양운중학교 3학년) 2017년 3월

창의성이 중시되는 사회

IQ는 단순히 수리나 언어 능력만을 수치상으로 나타내는 것이다. 이는 이미 과학적으로도 인간의 지능을 나타낼 수 없다고 입증되었다. 하지만 여전히 한국 사회에는 IQ에 대한 맹신이 남아 있다.

우리가 지금 살아가고 있는 21세기에는 IQ 테스트로 알 수 있는 언어와 수리 능력만 요구되지 않고 남들과는 다르게 나를 구분하는 창의성이 중시된다. 누구든 열심히만 하면 쉽게 바뀔 수 있는 능력보다는 자신이 가진 잠재된 능력을 발휘하는 것이 중요해진 것이다. IQ 테스트로 나타나는 누가 더 효율적이고 신속하게 일을 해결하는지는 다양성과 창의성이 요구되는 21세기 정보화 사회와는 맞지 않고 그저 지적 장애나 수학 영재 판별을 위한 수단이 되었다.

21세기에 오히려 더 각광 받는 것은 가드너 교수의 다중 지능 이론이다. 이것은 IQ 테스트와 달리 신체 운동, 음악, 공간, 인간 친화 지능 등 다양한 지능들이 추가되어 사람마다 다른 자신의 특성을 더 잘 파악할 수 있다. 실제 우리나라에서도 IQ 테스트보다 감성 지수인 EQ나 다중 지능 이론에 대한 신뢰와 관심이 높아지고 있다.

점점 세계가 바뀌는 만큼 우리도 바뀌는 사회에 적응하고 수치로 사람을 규정하는 생각을 바꿔야 한다.

≫ 김경빈(상당중학교 1학년), 2018년 9월

스포츠와 국가주의

우리나라의 분위기를 최고조로 만들었던 밴쿠버 동계올림픽이 막을 내렸다. 김연아 등 많은 선수들이 투혼을 불태웠고 그 모습에 국민들도 환호했다. 그런데 이런 모습에 한국 스포츠가 국가주의에 빠져 있다고 주장한 기사를 보게 되었다. 그 모든 의견에 공감한 것은 아니었지만 그것을 통해 올림픽을 새로운 시각으로 볼 수 있게 되었다.

기사에서는 국가와 언론이 한 개개인의 노력의 결실을 너무 '대한민국의…'라고 국가와 연결시킨다고 비판했다. 그간 그 한순간의 영광을 위해 뼈를 깎는 훈련과 노력을 해 온 선수들의 경기를 국가가 그들의 정치에 이용하려 하면서 올림픽의 의의를 탈색시킨다는 것이다.

피지배층이 저항하지 못하도록 관심을 돌리게 만들고 정치적 불만을 다른 것으로 돌림으로 국가를 통합시키는 등의 대외적, 대내적 목적은 박정희, 전두환 독재 정치 때부터 있었다. 전 세계 국가들이 함께 모여 스포츠를 통해 열광하는 이 행사가 '국가'라는 이념에서 완전히 벗어나는 것도 힘들고 이것을 통해 힘을 얻는 많은 국민들이 있다는 것도 사실이지만 그것을 지나치게 정치적으로 남용하려니까 정작 중요한 부분은 소홀히 되는 것이다.

우리의 스포츠 세계는 '엘리트 체육'에 치우쳐 있다. 1등에게는 나름의 보상이 주어지지만 정작 스포츠를 위해 노력했던 많은 선수들이 그 그림자에 가려 빛을 보지 못한다. 카퍼레이드, 친선 한마당 등 국가는 스포츠가 우리 일상에 어울려야 할 문화가 아니라 특별한 사람들만이 따로 하는 것으로 각색해 버린다. 진정한 올림픽 정신을 계승하고 스포츠가 국민의 힘이 될 수 있도록 하려면 우리와 스포츠, 그리고 선수들이 서로 관심을 가지고 함께 살아가도록 해야 한다.

사실 올림픽, 월드컵이 시작되면 선수 개인보단 국가를 응원하고 전부를 격려하며 하나가 되는 게 자연스럽고 그런 스포츠 세계가 우리를 열광하게 만들며 희망을 준다는 것을 부정할 수는 없다. 그리고 그것이 '자랑스런 대한민국'이 된다 해도 이의를 제기하는 사람은 그리 많지 않을 것이다. 하지만 우리는 그 영광이 개개인 선수들의 노력의 결실로서 이루어진다는 것을 깊이 새겨두어야 하고 계속 그들이 투혼을 빛낼 수 있도록 국가 대표나 영웅 이전에 자랑스러운 스포츠인으로 응원해야 한다.

≫ 양하은(양운중학교 2학년), 2010년 4월

한국 영화의 발전은 독립 영화로부터

독립 영화, 말 그대로 투자·제작 등 모든 것을 독립적으로 만드는 영화다. 최근 〈워낭소리〉(이충렬 감독, 2009년)가 흥행 고공 행진을 하고 있지만 이는 매우 드문 경우다. 대부분의 독립 영화는 흥행은커녕 아예 상영되지도 못하는 경우가 허다하다.

하지만 독립 영화는 없어서는 안 될 존재다. 독립 영화가 없다면 대부분의 한국 영화가 존재하기 힘들 것이다. 영화들이 작품성, 예술성보다는 상업적인 목적으로 만들어지는 경우가 많은데 반해 독립 영화는 상품화보다는 창작성, 다양성을 더 중요시하고 있다. 예술에서 다양성은 없어서는 안 되는 요소다. 독립 영화가 영화의 다양성을 지킴으로서 한국 영화 또한 더 넓게 발전할 수 있는 것이다.

또 다른 독립 영화의 중요성은 비판적 시각이다. 일반 영화가 재미, 흥미를 중점으로 둔다면 독립 영화는 사회의 모습을 비판적으로 바라보는 경우가 많다. 일반적으로 시도하기 힘든 내용을 독립 영화가 해내는 것이다. 이는 영화가 단지 예술에서만 그치지 않고, 대중들에게 사회적으로도 다가가 한번쯤 생각해 보고 되돌아볼 수 있는 기회를 준다.

하지만 현재 독립 영화의 상황은 나빠지고 있다. 독립 영화가 유지되는 데 보탬이 된 독립 영화 지원 정책이 폐지된 것이다. 독립 영화의 발전을 위해서는 지원 문제 외에도 여러 노력이 필요하다.

우선 독립 영화 지원 정책은 폐지되어서는 안 된다. 오히려 지원 정책을 더 확장해야 한다. 작품성 있는 독립 영화라면 정부도 지원을 아끼지 말아야 한다.

문화의 발전에 도움이 될 수 있는 독립 영화는 더 발전할 수 있어야 한다. 특히 홍보에 관한 면에서는 도움이 필요하다. 아무리 작품성이 뛰어나도 홍보가 부족해 알려지지 않는 경우도 많다는 것을 알아야 한다. 인터넷상에서도 독립 영화에 대한 홍보가 마련되어야 한다.

그리고 독립 영화제는 더욱더 많은 사람들이 관심을 가지고 흥미를 가질 프로그램을 만드는 것이 중요하다. 독립 영화에 대한 관심을 높일 수 있는 큰 기회가 영화제이기 때문이다.

하지만 무엇보다 중요한 것은 대중들의 생각이다. 독립 영화라 해서 무조건 관심 없고 재미가 없다는 생각을 떠나 여러 시선으로 영화를 바라봐야 한다. 문화 콘텐츠는 대중의 관심이 가장 큰 약이 될 수 있다.

≫ 조정윤(양운중학교 1학년), 2009년 4월

모여라!
신문 동아리 함께할 청소년

신문 동아리, 희소해서 더 **특별한 경험**

전국 중·고등학교에서 활동 중인 신문 동아리가 얼마나 있을까? 전체적인 수치는 알 수 없으나, 중·고등학교에서 신문 동아리를 운영 중인 기자들의 활동 상황을 사이트나 블로그를 통해 볼 수 있었어. 실제로 활동하고 있는 학생들이 있다는 사실만으로도 감동이었어. 아쉬운 점은 지속성이 없다는 거야. 계속 이어 가는 것이 쉽지 않은 거지. 인터넷상에 활동한 흔적만 남아 있는 것을 보면 안타까워. 몇몇 학교를 통해 신문 동아리가 어떤 활동을 했는지 살펴봤어.

숙명여자고등학교 신문 동아리인 '숙란'은 1956년 12월에 첫 신문을 만들었고, 1년에 네 번 신문 〈숙란〉을 발행하고 있어. 지도 교사가 있고 1·2학년이 주축이 되어 기사를 쓰고 있어. 신문 동아리에 들어가려는 신입생들이 많고 경쟁률이 높아서 필기시험을 실시하고 2학년이 1차 면접을 3학년이 2차 면접을 본 다음, 지도 교사 면접 후에 최종 합격자를 발표한다는 거야. 신입 회원을 모집할 때 2학년 선배들이 지원서를 읽어 본 뒤 그에 맞는 질문과 지원자들이 예상하지 못하는 돌발 질문까지 준비해 모의 면접을 진행하기도 한다니 그야말로 대단하지 않니?

〈숙란〉의 기자들은 대부분 중학교 때부터 신문 동아리 활동을 해 온 경력자들이고, 이들 중에는 진로를 기자로 정한 학생도 있대. 신문 동아리 학생들을 위한 동아리실이 따로 있어서 학생 기자들이 늘 모일 수 있는 것도 좋은 점이야. 문·이과를 아우르는 숙란의 기자들은 학교 소식, 동문 취재, 교육 정보 등 다양한 기사를 취재하고 쓰고 있어. 입시와 관련된 기획 취재인 경우는 교사들의 도움도 받아.

'숙란'은 두터운 선후배 관계를 유지하며 졸업 후에도 후배들을 위한 멘토 역할을 해 주기도 한다니 가장 이상적인 신문 동아리라 해도 과언이 아니야. 신문 동아리에 들어가기에 다소 엄격한 부분이 있지만 제대로 된 운영을 위해서는 감수해야 할 부분인 거지. 초등학교에서 어린이 기자단을 거쳐 중·고등학교 신문 동아리에서 활동하고 대학을 거쳐 언론사 기자로 활동할 수 있다면 기자를 꿈꾸는 어린이와 청소년이 더욱 많아질 거야.

장곡중학교 신문 편집 자율 동아리 담당 교사는 교장 선생님이야. 부담스럽다고? 그럴 수 있지만 좋은 점이 더 많을 것 같아. 15명의 학생 기자들이 한 달에 두 번 정도 동아리 모임을 해서 학생 개인별 취재 계획을 세워. 학생들이 각자의 기삿거리를 취재하고 기사를 쓰면, 교장 선생님과 학생들이 모여 편집 회의를 통해 일차로 완성하는 거야. 그런 다음 시흥시 장곡동의 마을 신문인 〈장곡타임즈〉에서 최종 완성되고 인쇄소에서 찍은 신문을 받게 되지. 이런 체계는 학생 기자들에겐 더없이 좋은 경험을 줄 수 있을 거라는 생각이 들어. 외부 언론인에게서 기자 활동에 대한 전문 교육도 받아. 이 과정에서 기자가 되기 위한 지식, 기사 쓰는 방법, 칼럼 쓰는 방법을 비롯한 언론인의 꿈을 가진 학생들의 진로에 직접 도움이 되는 교육을 받을 수 있어. 교장 선생님의 든든한 후원은 최고의 장점이야. 신문 편집 동아리가 계속 이어질 수 있는 모든 조건을 갖춘 셈이지. 장곡중학교 신문 편집 동아리 학생들이 부럽지 않니?

불암중학교의 2019년도 창의적 체험 활동을 위한 동아리의 종류 및 현황이 소개된 글을 찾아서 보니, 동아리 53개가 운영 중인데 참여 학생 수는 1,000여 명, 지도 교사는 53명, 자원봉사 또는 외부 강사가 세 명이었어. 다행히 불암중학교의 동아리 가운데 소식지반과 환경 기자반이 있는 거야. 자세한 내용이 없어 아쉽기는 하지만 신문 동아리와 비슷한 성격이라는 생각이 들어.

이일여자중학교 신문 동아리는 2015년 3월에 시작하여 이슈 취재와 교내 소식, 학교 홍보 등을 기사로 작성해서 인터넷 신문과 종이 신문으로 발간해 왔어. 동아리 자체 활동으로 방학 중 진로 탐색 활동, 신문사 탐방, 고등학교와 대학교 취재, 현직 기자 취재 등 학생들에게 도움이 될 만한 정보들을 기사로 제공해. 종이 신문은 인터넷 신문에 실린 기사 중 가장 중요한 소식들을 뽑아 1년에 네 번 발행한대. 중학교에서 활동 중인 다른 신문 동아리도 대체로 이런 운영 방식일 거라 판단해. 그런데 2019년 8월 말 기사 이후로 새 기사가 올라오지 않아서 무슨 일이 있는지 궁금하고 걱정돼.

중·고등학교의 일부 신문 동아리에 대해 간략하게 알아봤는데 어떤 생각을 했을까 궁금하네. 전국 중·고등학교에 신문 동아리가 얼마나 있는지 확인할 수는 없지만, 모든 학교에 다 있는 건 아니니 희소성이 있다고 생각하는 것이 좋지 않을까? 그러면 신문 동아리를 통해서 뭔가 남과는 다른 특별한 일을 하고 있다는 자부심이 생기겠지. 자기만을 위한 것이 아니라 모든 이를 위해 정보와 소식을 제공하고 공유하면서 느끼는 만족감도 생길 거고. 취재하고 기사까지 마감하는 데 드는 약간의 스트레스를 극복하고 나면 신문을 받아드는 순간 성취감과 희열을 맛볼 수 있을 거야. 그러면서 또 다른 일에 의욕과 추진력이 생기지. 다시 말하면 자신감이 붙는 거야. 사회를 보는 올바른 시각을 가지게 되고 제대로 판단하는 힘도 생길 거야. 앞으로 주체적인 삶을 살아가기 위한 씨앗을 뿌리는 것이라 보면 돼.

멀리 내다보면 신문 동아리 활동으로 잃는 것보다 얻는 것이 더 많아. 이는 경험으로 확실하게 말할 수 있어! 곰곰이 기자들의 경우를 보면 글 쓰는 두려움이 없어. 학교에서 어떤 주제로 글을 쓰더라도 소신껏 쓰고 주위에서 높은 평가를 받는다는 사실을 기자들 부모에게서 자주 듣고 있거든. 중학교에서도 팀별 수행평가 과제를 중심이 돼서 끌고 가는 학생들 가운데 곰곰이 기자 출신이 많아.

신문 동아리에 참여하는 청소년

가끔 어른들은 아이들에게 커서 하고 싶은 것이 무엇인지 물어보는 경우가 있어. 어릴수록 하고 싶은 것이 명확한데 학년이 올라갈수록 "없다" "아직 정하지 않았다"는 대답이 늘어나더라고. 확실하게 정해진 것도 아니고 정했다 해도 시간이 지나면 바뀔 수 있다는 것을 알고 있거든. 미래가 불확실해서 뭐라고 말하기도 곤란할 거야. 개인적으로 어디에 소질이 있는지 잘 알지 못하고, 있다 하더라도 공부가 우선인 사회 분위기로 인해 부모들에게 자기 생각을 털어놓지 못하고 지나가는 경우도 많아.

성장하면서 넓은 세상을 보고 많은 것들을 경험하기보다는 갇힌 공간 속에서 미래를 위해 노력하는 것이 현실인 청소년이 적지 않을 거야. 공부와 숙제로 일관된 학교와 학원만 다니다 맞이하게 되는 미래가 내가 바라는 일이 아니라는 것에 공감하는 학생들도 많을 거고. 청소년 시기에는 다양한 경험과 체험을 통해 자기가 하고 싶은 일의 범위를 찾는 활동이 중요해. 무엇이 적성에 맞는지 다양하게 경험해 보도록 사회가 그런 환경을 만들어 줘야 해. 무엇을 잘하는지 모르기도 하고 좋아한다고 생각한 일들이 자기와 맞지 않는 경우도 발생하기 때문이야.

중·고등학교에서 진로에 도움을 주는 활동 중 하나가 동아리 활동이야. 다양한 동아리 가운데 신문 동아리가 있다면 기자가 되고 싶은 학생은 참여하겠지.

그러면 어떤 청소년이 신문 동아리를 하는 게 좋을까? 지금까지의 경험을 토대로 말해 본다면, 신문 동아리에서 활동하는 어린이 기자나 청소년들은 취미나 흥미 중심의 다른 동아리보다 더 책임감이 있어야 할 거야. 그리고 취재하는 동안 보고 듣고 느낀 것들을 글로 표현할 수 있는 쓰기 능력이 필수야. 쓰기가 안 되는 기자를 처음부터 가르쳐 가며 할 여유가 없기 때문이야. 그러니 기본적으로 갖추어야 할 조건들이 되어 있어야 신문 동아리 활동에 무리가 가지 않으며 다른 기자들에게도 민폐를 끼치지 않아. 청소년들이 진로를 정하기 전에 여러 경험과 체험이 필요하지만 글쓰기 능력이 안 되거나 책임감이 부족하다면 신문 동아리 같은 일부 동아리 활동은 맞지 않는 거야.

청소년 기자로서 제대로 활동하기 위해서 몇 가지가 습관이 되어 있으면 도움이 돼. 한 가지가 습관이 되게 하려면 보름 이상 지속되어야 한다는 말이 있어. 이해는 하지만 지속적인 실천이 안 돼서 대부분은 못하는 거야. 청소년이라면 그럴 수 있다고 생각해. 하지만 뜻을 품었다면 꾸준한 실천이 필수야. 속는 셈 치고 따라해 봐.

첫째, 메모하는 습관을 기르는 거야. 참 어려운 거지만 필요해. 요즘은 웬만한 것은 스마트폰으로 사진을 찍거나 녹음으로 메모를 대신하기는 하지만 모든 상황에서 가능한 것은 아니야. 스마트폰으로 사진을 찍거나 녹음이 안 되는 분위기에서 보거나 듣기만 해서는 그 기억이 오래 못 가니 반드시 메모해야 할 경우가 생기거든. 취재수첩을 활용해 봐.

둘째, 남의 말을 잘 들어주기야. 청소년 기자는 쓰기뿐만 아니라 말주변도 좋아서 듣기보다는 말하기를 더 좋아할 수도 있어. 흔히 발생하는 상황이 말하는 도중에 치고 들어와서 자기 생각을 늘어놓는 거야. 자기 말에 흥분해서 다른 사람의 이야기를 들을 생각을 하지 않으면 곤란하잖아. 다른 사람이 하는 이야기를 들어야 말하는 사람의 생각이 뭔지, 무엇을 원하는지 등을 파악할 수가 있기 때문이야. 취재 중이라면 더더욱 자기 말을 앞세우기보다는 남의 말에 경청해야 하지 않을까? 듣고 느껴야 쓰지!

셋째, 자세히 관찰하는 습관을 길러 봐. 모두 일상에 바빠 주변의 변화에 크게 신경 쓰지 않아. 무심코 지나치던 주변에 관심을 가지고 들여다보면 그동안 보이지 않던 것들이 신기하게 눈에 들어오기 시작하거든. 청소년 기자라면 남보다 더 주변에 관심을 가지고 관찰해야 하겠지. 자세히 관찰하는 습관이 들면 주변 환경이 주는 메시지는 기사가 될 수 있을 거야.

넷째, 상대방을 배려하기야. 취재 대상에 대한 배려심이지. 청소년이기 때문에 때로는 분위기에 휩쓸리거나 기본이 흐트러지는 상황이 발생할 수 있어. 그런 분위기가 취재 대상에게 그대로 전달되면 상처가 될 수 있다는 점을 명심할 필요가 있어. 기자가 하는 말과 행동이 상대방에게 어떻게 받아들여질지 진지하게 생각해 봐야 해. 기자가 쓴 기사가 취재 대상에게 본의 아니게 피해가 되지 않는지 살펴봐야 하고 예의를 다하는 것이 배려야.

다섯째, 시간 잘 지키기야. 동아리 활동에서 가장 안 되는 것이라 할 수 있어. 약속하면 지키는 것이 당연한데 조금 늦게 나타나는 것이 미덕인 것처럼 생각하는 사람들이 많아. 혹시 나는 그렇지 않은지 자신에게 물어봐. 나이가 어리거나 많거나 차이가 없어. 한 사람의 지각으로 나머지 사람들이 기다려야 한다는 사실을 알아야 하고 미안한 마음을 가져야 하지. 어쩔 수 없는 상황이라면 반드시 전화해서 좀 늦는다거나 참여할 수 없다는 사실을 알려야겠지.

또 꼭 지켜야 할 시간은 기사 마감 시간이야. 이것이 제대로 지켜지지 않으면 편집, 교정, 인쇄, 발행까지 뒤로 이어지는 일들이 줄줄이 늦어지는 대형 사건이 터지는 거야. 곰곰이 기자들은 기사 마감은 대체로 잘 지켜줘서 참 다행이었어.

요약 정리

- **신문 동아리 활동을 하면 뭐가 좋을까?**
  1. 모든 이를 위한 정보와 소식을 제공해서 만족감이 생겨.
  2. 기사 마감 후 신문을 받아드는 순간 성취감과 희열을 맛볼 수 있어.
  3. 다른 일을 할 때 자신감과 추진력이 생겨.
  4. 사회에서 새로운 지식을 쌓고 인간관계를 만들어 갈 수 있어.
  5. 사회를 보는 자신의 시각을 가지게 되고 제대로 판단하는 힘도 생기지.

- **청소년 기자의 습관 만들기**
  1. 메모하기.
  2. 경청하기.
  3. 자세히 관찰하기.
  4. 상대방 배려하기.
  5. 시간 지키기.

지속할 수 있는 **동아리 활동**을 위해

인터넷을 통해 중·고등학교 신문 동아리 소식을 찾아볼 수 있었어. 그런데 계속 활동 소식을 올리는 학교도 있지만 오래전 활동 흔적만 확인할 수 있는 곳도 많아서 현재 활동이 진행 중인지 알 수는 없었어. 이 점이 가장 안타까웠어. 여러 사정이 있겠지만 꺼져 가는 신문 동아리의 불씨를 살릴 수 있다면 좋겠다는 생각을 했어. 해 봤으니 다시 할 수 있다는 희망을 주고 싶은 거지.

기존 신문 동아리 활동에 지친 청소년들과 새로 신문 동아리를 준비 중인 청소년들에게 해 주고 싶은 말이 있어. 신문 동아리를 하다 보면 활동이 더디거나 바라던 대로 신문이 잘 안 나오는 등 여러 경우가 생길 수 있잖아? 그런 경우가 오래 지속되면 위험해. 모두 책임감을 느끼고 다시 체제를 정비해서 가야 해. 누군가 나서기를 바라기만 하다가 서서히 동력을 잃어버리게 돼서는 안 되지. 누구의 책임이랄 것도 없이 동아리의 불씨가 꺼지는 거니까.

청소년 기자들 사이의 관계도 문제가 될 수 있어. 의견이 하나로 모이지 않고 갈라진다면 비상등이 켜진 거야. 전체 조직에 금이 가면서 회복되지 못한 채 정지 상태가 되어 버리거든. 실제 그런 경우가 많을 것 같은 생각이 들어. 시간이 지나면 많은 미련이 남을 거야. 그때 왜 빨리 조치를 취하지 못했을까 하는 후회 같은 거지.

청소년 기자가 개인적인 이유를 들면서 기사 쓰기를 미루면 갈등이 생길 수도 있으니 조심해야 할 거야. 신문 마감과 발행에 지장을 줄 수 있어. 또 신문 동아리 활동에 장애가 되는 교내 문제가 발생하지 않도록 각별히 조심해야 해. 예를 들면 학교폭력에 연관된다거나 학교폭력을 취재하는 과정에서 다치는 문제가 발생하지 않도록 신경을 쓰는 걸 말해. 학교 재정상 지원이 힘들어지는 경우도 생길 수 있어. 신문 동아리의 구성원들이 해결할 수 있는 문제도 있지만 그렇지 못한 문제도 있을 거야. 옆에서 조금만 힘을 보태 다시 시작할 수 있는 문제라면 도와주고 싶은 심정이야.

다른 지역에서 왕성하게 활동하는 신문 동아리들이 있음을 생각하면서 새롭게 출발할 수 있는 계기가 되기를 바라는 마음이야. 학교 신문을 주고받는다거나 함께 연대해 기획 기사를 만드는 등 교류 활동을 하면 훨씬 의미 있는 동아리 활동이 가능하리라 생각하지. 그리고 담당 선생님이나 졸업한 선배와의 정기적 만남을 통해서 동아리 운영상 어려움이나 고민을 해결해 나간다면 마음을 가다듬을 수 있는 용기와 힘이 생길 거야.

앞서 소개한 잘되는 신문 동아리의 경우처럼 우리도 할 수 있다는 자신감을 가지는 것이 중요해. 분위기 쇄신을 위해 동아리실 청소도 하고, 환경 미화에 신경 쓰고, 회칙도 개정하고, 신입 기자 모집을 위해 홍보 문구나 방안을 준비해 보고, 신입 교육 교안도 수정하면서 지내봐. 한결 좋아질 거니까.

이제 막 시작하려고 준비하는 교내 신문 동아리가 있다면 자문이 필요할 거야. 주요 자문 내용은 신문 동아리를 운영하는 방안, 신입 기자 모집과 교육을 위한 교안 등이지. 모집 시기에 필요한 지원서 만들기, 모집 전형 및 선발 과정 준비와 합격 발표까지 서두르지 말고 차분히 해 나가면 문제없어. 이 모든 이야기들이 이 책 속에 있어!

신문 동아리 회칙 만들기

신문 동아리를 처음 만든다면 운영 지침을 만들어 둘 필요가 있어. 교내 다른 동아리들의 정관 또는 규약이나 주변 학교의 신문 동아리 운영 지침을 구하면 도움이 돼. 정관은 구성원들이 지켜야 할 약속이야. 목적이나 운영 방식 등의 내용이 있어. 이것이 명확해야 동아리의 정체성이 분명해지거든. 대부분 조직이나 단체들이 정한 규칙은 별 차이가 없기에 동아리의 성격에 맞는 내용으로 구성하면 되지. 참고할 것은 형식과 어떤 항목이 들어가고 내용은 무엇인지 등이야.

다음은 곰곰이 기자단의 회칙이야. 이것을 참고해 추가 또는 삭제하고 수정할 항목들을 정해서 동아리 구성원들이 주축이 되어 만들어 보면 좋겠어. 동아리의 주인은 청소년 기자들이기 때문이지. 회칙은 담당 교사의 최종 확인을 거쳐 완성하고 제본해서 누구나 볼 수 있도록 동아리실에 보관하면 돼. 그리고 나중에 회칙의 내용을 수정할 필요가 생기면 전체 회의를 거쳐 수정하면 되고.

곰곰이 기자단 회칙

제1조(명칭) 곰곰이 기자단이라 한다.

제2조(목적) 청소년의 눈으로 본 세상에 대한 정보를 전달하며, 논리적이고 비판적인 사고와 창의적인 활동을 통해 진정한 청소년 언론인이 되는 것을 그 목적으로 한다.

제3조(구성)

- 편집장, 부편집장을 각 한 명씩 둔다.
- 일정 기간의 수습 과정을 통과한 청소년을 기자로 임명한다.
- 일정 기간의 교육을 받고 있는 청소년을 수습기자라 한다.

제4조(편집장의 권리와 의무)

- 편집장은 기자단을 대표한다.
- 기사별 마감 및 진행 상황을 확인한다.
- 기획 회의를 주관한다.
- 기사 및 취재 모둠, 주제를 조정한다.
- 사설 '편집장 한마디'를 써야 한다.

제5조(부편집장의 권리와 의무)

- 편집장을 도와 기자단을 이끌어 간다.
- 기획 회의를 진행하고 서기를 한다.
- 기사별 마감 및 진행 상황을 확인한다.
- 편집장 부재 시 편집장 역할을 대행한다.

제6조(기자의 권리와 의무)

- 기자는 편집장 선거에 출마할 수 있고 투표권을 가진다.
- 취재 및 기사 작성에 참여해야 한다.
- 기자 간, 기사에 대한 문제 발생 시 편집장의 결정에 따라야 한다.
- 기자는 취재 시 기자증을 소지해야 한다.
- 기사를 마감까지 내지 않으면 삼진 아웃제를 적용한다.

제7조(수습기자)

- 수습기자는 선거권이 없다.
- 그 외에는 기자의 권리와 의무에 준한다.
- 수습기자 교육만 받고자 할 경우 교육 이수 후 수료증을
  발급 받을 수 있다.

제8조(선거)

- 편집장 선거에는 기자 중에서 후보로 출마할 수 있다.
- 투표는 비밀, 평등, 직접 투표를 원칙으로 한다.
- 당선은 재적 인원 1/2 출석에 과반수 이상의 득표를 한 후보가
  당선자가 된다.
- 과반수가 안 될 경우에는 득표 1, 2위에 대해서 재선거를 한다.
- 최다 득표자를 편집장으로 하며 2위 득표자를 부편집장으로 한다.
- 편집장 후보는 정기자로서 6개월 이상 활동해야 출마할 수 있다.

제9조(선거관리위원회)

- 선거관리위원회는 편집장 2명, 편집부 선생님 2명으로 구성한다.
- 편집장 후보자가 5명 이상일 경우 심사권이 있다.
- 편집장 후보자가 1인일 경우 무투표 당선을 인정한다.

제10조(임기)

- 편집장과 부편집장의 임기는 6개월로 한다.
- 부득이한 사정이 생겼을 경우 대행자가 잔여 임기를 수행한다.
- 대행자는 선거관리위원회에서 지정한다.

- 편집장은 연임이 안 되며 부편집장은 편집장 선거에서 당선되면 편집장이 될 수 있다.

제11조(제명)
- 기자 및 수습기자는 자신의 권리와 의무를 아무런 이유 없이 3회 이상 어겼을 경우 제명된다.
- 기자단의 명예를 실추하는 행위를 저지른 경우엔 제명된다.

신문 동아리가 제 궤도에 올라 안정적인 상태가 되면 인원이 늘어나고 적정 인원을 유지하게 될 거야. 신문 동아리의 원활한 운영을 위해 적정 인원수를 미리 정해 둘 필요가 있어. 여러 부서를 만들 경우도 생길 수 있고. 예를 들어 사회부, 예능부, 교내부 등인데 동아리 구성원들의 성향과 신문의 성격에 맞게 만들면 돼. 부서가 별도로 생기면 부서장이 필요할 것이고 어떻게 선출할 것인지도 생각해 봐야 할 거야. 신입 기자들을 선발하는 과정(시기와 방식 등)을 회칙에 넣을 수 있으며, 선발된 신입 기자들을 대상으로 해야 할 교육을 정하고 교육 매뉴얼도 만들어야 하지. 아울러 중학교, 고등학교에 따라 달라지겠지만 활동 기간을 미리 정해 둘 수 있고 그에 대한 업무 구분도 분명히 해 두면 나중에 혼선이 없을 거야.

그리고 신문 동아리의 조직도도 만들고 신문의 발행 주기와 인쇄 방식 및 인쇄 업체에 대한 규정, 예산 집행 항목 등도 회칙에 들어갈 수 있어. 또 신문을 자유롭게 만들 수 있는 편집권을 침해받지 않도록 규정이나 지침을 명확히 할 필요도 있어.

동아리 운영에 필요한 일들은 무엇이 있을까?

이제 본격적으로 동아리를 꾸려 갈 채비를 해 볼까.

첫 번째 일은 편집 회의야. 신문을 만들기 위한 가장 기본적이고 중요한 단계라 할 수 있어.

처음 신문을 제작하는 것이라면 기획 기사에 신경 쓰면 좋겠어. 신문의 성격이 확 드러나고 기사 하나하나가 독자의 눈에 쏙 들어오도록 만들어야 입소문을 타게 될 거야. 일종의 홍보 전략이지. 어쩌면 첫 신문에서 호불호가 있을 수 있으니 최선을 다해야 해. 이런 잔소리를 안 해도 누구나 처음 하는 것에 최고의 노력을 쏟게 돼 있지만 말이야. 기획 기사 주제는 무엇이든 괜찮아. 청소년 관련 이슈에 대한 기획이라면 많은 관심을 받을 거야. 청소년들이 관심을 가지는 것들에 대한 설문 조사, 진로에 도움이 되는 전문가 인터뷰 등 주제는 다양하게 정할 수 있어.

그리고 몇 개의 꼭지를 고정적으로 운영하면 지면 구성에 도움이 될 거야. 〈곰곰이 신문〉의 예를 들면, '편집장 한마디' 꼭지는 신문사의 사설과 같다고 보면 되는데 편집장이 하고 싶은 말을 담아. 글의 주제는 다양한데 동아리 운영에 대한 개인적인 심정, 우리 사회에서 발생하는 일들에 대한 소감, 학교 내에서 일어나는 행사나 여러 행정적인 일에 대한 비판 또는 제안 등이야. '포토 뉴스' 꼭지에는 시사, 환경 문제나 계절의 변화를 느낄 수 있는 서정적인 사진을 짧은 글과 함께 올릴 수 있어. 때로는 글보다 사진이 더 강한 메시지를 전달할 수 있지. '청소년 소설 읽기'를 통해 책을 소개하는 꼭지도 필요하면 쓸 수 있어. '영화 일기' 꼭지에서 영화를 소개하는 것도 괜찮

아. 시기에 맞는 이슈나 시사 문제에 대해 개인의 소신을 밝히는 꼭지인 '시사 칼럼'도 있어.

그 밖에 낱말 퍼즐, 그림이나 만화를 공모해 지면에 올리는 것도 학생들의 호응도를 끌어올릴 방법이야. 학교 행사와 선생님들 릴레이 인터뷰 등도 활용하면 학생들의 관심을 끌 수 있을 거야. 함께 생각을 모으면 더 다양하고 재미있는 내용으로 신문이 발행될 거라고 확신해.

동아리를 만들었으면 계속 잘 돌아가게 하는 것도 만드는 만큼 중요하다는 사실에 공감하니? 잘 돌아간다는 의미는 청소년 기자들이 차질 없이 기사 마감을 하고 신문을 발행하는 거야. 그리고 하나 더! 신입 기자를 뽑아 교육하는 거지.

그래서 두 번째는 신입 기자 모집이야. 기존 동아리건 신규 동아리건, 신문 제작을 해 가면서 신입 기자를 모집하는 방식과 시기를 정하고 지원서 양식을 만들어야 해. 힘들다고? 양쪽 모두 힘들겠지만, 신규 동아리일 경우 세상에 없던 일을 새로 만든다고 생각해 봐. 힘들지만 뿌듯할 거야. 여러 방안이 있긴 한데 추천하고 싶은 것은 지원서를 받고 적절한 시험과 면접을 보는 거지. 시험과 면접을 통해 선발하면 기자 활동에 대한 열정이 크고 자부심이 있을 거야. 시험과 면접 없이 지원서만으로 선발하는 방식도 크게 다르지는 않을 거라 생각해. 기존 동아리는 하던 대로 선발하면 되겠지만 신규 동아리는 학교 상황과 학생들의 반응도를 보면서 적절하게 선택해야 할 거야.

앞에 소개한 숙명여자고등학교의 경우처럼 운영되는 신문 동아리가 가장 이상적인데 청소년 기자로서 2년 정도 활동하고 졸업 후에도 이어지는 관계가 있다는 것은 인생을 살아가는 데 큰 버팀목이 되기 때문이지. 곰곰이 기자로 함께 활동했던 아이들도 서로 연락을 하고 만나고 있다는 소식을 간간이 들으면 뿌듯함을 느끼게 되지. 큰 보람이야.

그리고 세 번째, 신입 교육을 위한 교안을 준비해야 해. 기존 동아리는 신입 기자를 위한 교안을 재정비해야 하는지 검토하고, 신규 동아리라면 교안을 준비해야 할 거야. 누가 교육을 하더라도 교안에 따라 지도가 가능하도록 만들면 좋겠어. 중·고등학교 동아리에서 신입 교육은 담당 교사나 선배가 진행하는 것이 나을 거야. 선배들이 자체적으로 교육을 한다고 해도 졸업이라는 한계는 있어. 교육 시간과 시기도 정해서 기자 활동 시간과 겹치지 않게 신경 써야 할 거야. 모집과 신입 교육이 원만하게 진행돼야 동아리 운영에 문제가 없어.

정리하자면 청소년 기자 활동은 기삿감 선정, 취재 준비, 취재, 기사 마감까지 자체적으로 해야 해. 편집 회의에서 주제를 정하는 일부터 주제와 연관된 설문 조사 및 인터뷰를 통한 기사 마감까지 전체 진행 상황을 확인하고 조정해야 차질 없이 돌아가. 이 모든 사항을 맡아서 끌고 나가야 할 편집장과 부편집장이 있어야 하고 역할 분담을 명확히 할 필요가 있어.

신입 기자를 어떻게 모집할까?

〈곰곰이 신문〉은 신입 기자를 모집하는 것이 어렵지 않았어. 곰곰이 서점이 있었기 때문이야. 서점 회원이 확보되어 있었고, 매월 회원들에게 〈곰곰이 신문〉을 발송한 덕을 봤거든. 신입 기자 모집에 관심을 보이는 회원들은 전체 회원 수에 비하면 얼마 되지 않았지만 모집 인원은 채울 수 있었어. 청소년들의 신문 동아리도 마찬가지라 생각하고 있어. 대한민국 청소년들이 모두 기자를 꿈꾸는 것이 아니니까. 언제나 소수의 희망자가 있고 그 가운데서 일부가 기자의 꿈을 이루는 거거든. 중·고등학교 신문 동아리도 학년 전체 인원에서 일부가 희망하고 활동하는 거니 모집은 어렵지 않을 거야.

신입 기자를 처음으로 모집한다면 모집 주체가 있어야 하겠지? 바로 신문 동아리의 주인인 학생들과 담당 교사야. 학교 일정에 따른 전체 동아리 모집 시기에 함께 모집하면 돼. 따라서 학생들이 관심을 가질 만한 홍보가 필요할 거야. 취재 활동은 흥미로우나 기사로 녹여내는 쓰기가 걸릴 수 있어. 게다가 시사에 관심이 많고 말과 글로 자기 생각을 표현할 수 있어야 하며 기사 마감이라는 책임감 때문에 마음이 있어도 지원하기가 쉽지 않을 거야. 그래도 걱정할 필요는 없어. 언제나 그런 걱정을 하는 신입 기자가 있기 마련인데 결국은 다 해내거든!

모집하려면 준비할 것들이 있어. 모집 대상과 시기, 인원, 선발 방법, 지원서 교부와 접수, 합격 발표 등이 될 거야. 신중하게 결정한 학생들이 지원하기를 기대하면서 기다려야 해.

모집하기 전에 조심스럽게 결정해야 할 사항이 선발 방법이야. 지원서만 받아서 뽑을 것인지, 지원서를 받고 또 시험을 칠 것인지, 지원서를 받고 시험을 치고 면접까지 볼 것인지 말이야. 그리고 선발 인원이 부족하면 그다음 어떻게 할 것인지도 생각해 둬야 해. 면접까지 치러야 한다면 지원자는 별로 없을 거야. 전통과 역사가 있는 학교에서는 면접까지 까다롭게 봐도 경쟁률이 치열한 경우도 있기는 하지만 너무 욕심을 부리는 것은 무리지. 처음 신입 기자를 선발하는 거라면 지원 상황을 보며 조절할 필요가 있을 거야. 지원자가 적다고 다 뽑았다가 활동하기가 힘들어질 수 있어. 적정 인원을 넘으면 관리가 안 될 가능성이 있다는 사실을 유념해야 해.

지원서는 어떤 선발 방식이 되건 필요하므로, 지원자의 기본 정보를 얻기 위한 내용이 들어가 있어야 하지. 최근에는 개인정보 유출 문제가 있으니 지원서라 하더라도 지나친 정보 공개는 자제해야 할 거야. 일반적인 지원서 양식에는 이름, 학년, 생년월일, 개인 휴대전화 번호, 보호자 비상 연락처, 이메일, 집 주소, 자기소개 등의 항목이 있어.

신문 동아리에서 신입 기자를 뽑을 때 어떤 방식이건 신입을 제대로 선발할 수 있는 역량 있는 누군가가 필요하다는 점도 그냥 지나쳐서는 안 돼. 선배들이 중심이 되어 선발하기보다는 담당 교사 중심으로 하는 것이 무리가 없을 거야. 무엇보다 사전에 여러 항목별로 채점 기준을 마련해야 해. 공정하게 선발했다는 근거가 마련되어 있어야 나중에 이의 제기하더라도 당당하게 대응할 수 있어.

현재 〈곰곰이 신문〉이 기자를 모집하는 방법은 초등학교 6학년을 대상으로 지원서를 받는 방식이야. 지원서에는 지원자 자신을 소개하는 내용이 있고, 지원자가 어떤 생각을 하고 있는지 알아보는 질문을 주고 자기 생각을 써내도록 하고 있어. 모집 시기의 시사 이슈에 대해 자신의 주관과 생각 등을 종합적으로 쓸 수 있도록 말이야. 지원서를 가지고 간 학생들이 직접 손 글씨로 하나하나 적어서 제출하면 심사해서 선발하지. 한 해에 4명 정도를 모집하는데 탈락자가 있어서 미안하게 생각하고 있어.

예전에는 기자를 원하는 학생들이 모집 인원보다 많아서 시험과 면접을 함께 봤어. 시험은 현재 사용하는 지원서에 있는 질문에 자기 생각을 쓰는 것과 유사해. 차이점은 시험을 칠 때는 어떤 질문이 나오는지 모르는 상태에서 쓰다 보니 당황스러울 수 있다는 점이야. 그래서 여러 질문 가운데 선택해서 쓸 수 있게 배려는 했어.

시험과 면접을 본 이유는 부모의 의사가 아니라 자신이 하고 싶어 직접 지원했느냐가 중요하기 때문이야. 기자 생활을 하다가 중도에 그만두기도 하니 부모에게 떠밀려 하는 경우라면 지원을 안 하는 것이 좋아. 하다가 빠져 버리면 전체 분위기에 영향을 주기 때문이야. 시험과 면접을 본다는 사실은 누구에게나 굉장히 부담스러워. 정말 하고 싶다면 시험과 면접을 기꺼이 봐야 하거든. 그런 낯선 상황에 과감히 도전하는 마음이 필요한 거야. "배우고 싶은 것이 있으면 가서 등록하고 다니면 되는데, 감히 날 뽑는단 말이야? 정말 어이가 없군." 하고 생각할 수도 있어. 그렇지만 기자 활동 경험의 가치를 중요하게 생각한다면 달라져야 해.

시험과 면접이 있음에도 불구하고 지원자는 늘 있었어. 기자를 하고 싶은 아이들의 지원서를 보면 진정으로 하고자 하는 마음을 읽을 수 있어. 시간이 흐르면서 응시 원서도 변화를 거듭했어. 2014년 12월 모집 때부터 면접과 시험을 폐지하고 응시 원서만으로 어린이 기자를 뽑았어. 응시 원서도 변화가 있었는데 이 또한 시대의 흐름을 거스르지 않는 대처 방안이라고 봐야 해. 응시 원서가 변경되었으나 바뀌지 않는 부분은 자기소개 항목이야. 기자 지원서 양식은 이 책의 부록을 참고해 줘.

기자 지원서에 적은 아이들의 자기소개와 기자가 되고 싶은 이유를 읽어 보면 재밌고 대견하기도 해. 다음은 기자가 되고 싶은 이유를 쓴 내용 가운데 일부를 소개한 글이야. 어떤 마음으로 썼는지 읽으면서 생각해 봐.

곰곰이 서점을 드나들면서 〈곰곰이 신문〉을 알게 되었습니다. 신문을 읽을 때마다 다음이 기대되고 내가 쓴 글이 〈곰곰이 신문〉에 실리면 뿌듯할 것 같습니다. 그리고 신문이 어떻게 만들어지는지 궁금하기도 했습니다. 내가 과연 기자에 뽑힐 수 있을지 조마조마하고, 기자를 잘할 수 있을지 긴장되지만 도전!

>> 공준성(초등학교 6학년), 2021년

곰곰이 기자 활동으로 의미 있는 경험을 해 보고 싶다. 한 달에 한 번씩 가는 취재도 뜻깊은 경험이 될 것 같아 오래오래 기억에 남을 것 같다. 기자를 하면서 취재에 적극적으로 참여해 기사를 작성해서 완성한 기사를 보면 나 자신이 뿌듯할 것 같다.

나는 곰곰이 기자가 되고 싶다. 왜냐하면 평소에 해보지 못한 경험을 하며 글을 쓸 수 있기 때문이다. '백 번 듣는 것보다 한 번 보는 게 낫다'라는 말처럼 직접 그 장소를 가서 경험을 하며 조사하는 것이 기억이 오래 가고, 더 좋은 경험이 될 수 있기 때문이다.

» 김채은(초등학교 6학년), 2020년

곰곰이 기자가 되어 〈곰곰이 신문〉을 통해 우리나라의 우수성과 각 지역의 보물 같은 공간도 소개하고 싶고 과학 이슈와 지구 환경에 대한 이슈들을 다루어 보고 싶습니다. 무엇보다 기자가 되어 사회 여러 분야를 보는 눈을 길러 보고 싶습니다.

» 허의현(초등학교 6학년), 2020년

저는 곰곰이 기자가 되고 싶습니다. 왜냐하면 부족한 리더십을 키우고 싶기 때문입니다. 또 기사를 많이 쓰면 생각 주머니가 넓어지고 쓴 글을 많은 사람들이 읽고 평가하면 제가 노력한 점을 알 수 있기 때문입니다. 기사를 읽는 상대방을 생각하며 감동하는 글을 쓰고 싶습니다.

» 김민서(초등학교 6학년), 2018년

기자가 되고 싶은 이유는 단순히 신문에 글을 쓰는 영광을 얻기 위해서가 아니다. 나는 내가 가지고 있는 수많은 꿈들 중에 진정으로 원하는 꿈을 찾기 위해 지원했다. 기자 활동을 경험하면 무엇보다도 미래의 나에게 도움이 될 것 같아서이다. 마지막으로 나는 우물 안 개구리처럼 한

곳, 즉 공부에만 매진하지 않고 기자와 같은 다양한 것을 경험하고 싶어서이다.

≫ 이지원(초등학교 5학년), 2012년

어린이 기자가 되고 싶은 이유는 진짜 기자는 아니지만 하나의 주제에 대해 조사를 하거나 직접 가서 보거나 그곳에 있는 분과 인터뷰를 하기 때문이다. 기사 방법 중 인터뷰가 가장 재미있을 것 같다. 어린이 기자는 여러 가지 방법으로 취재하여 기사를 쓰는 기자라고 생각한다. 내 생각과 느낀 점도 잘 표현할 수 있어야 한다고 생각한다.

≫ 황은(초등학교 4학년), 2009년

적지 않은 초등학생이 곰곰이 기자 활동을 거쳐 중·고등학교로 진학하고 성장해 가고 있어. 기자 활동이 성장 과정에 어떤 영향을 끼쳤는지 구체적으로 알아보지는 않았지만 적어도 피해가 되지 않았을 거야. 〈곰곰이 신문〉 초기에 활동한 기자들은 이미 성인이 되었어. 물론 각자 가고 싶은 길로 가고 있거나 갈 준비를 하고 있을 거야. 성장하면서 마주치게 되는 중요한 순간에 기자 활동 경험이 조금이라도 판단과 결정에 도움이 되기를 기대해.

요약정리

- **신문 동아리 활성화 걸림돌**
  - 활동이 더디거나 바라던 대로 신문이 잘 안 나오는 등의 경우가 생겼을 때 누구도 나서지 않는 방관적인 태도.
  - 개인적인 이유를 들면서 기사 쓰기를 미루는 태도.
  - 학교 재정상 지원이 힘들어지는 경우.

- **신문 동아리 활성화 방안**
  - 학교 신문을 주고받기, 연대 기획 기사를 만들어 보기 등의 교류 활동.
  - 담당 선생님이나 졸업한 선배와의 정기적 만남.
  - 동아리실 청소 및 환경 미화.
  - 기자단 회칙이나 신입 교육 교안 수정.

여기 있어!
신입 기자를 위한 교안

합격 통보를 받은 예비 기자들은 뭔가 뿌듯한 느낌일 거야. 선발 과정을 통과해서 당당히 합격했다는 사실에서 성취감을 느끼고 출발하는 마음가짐이 달라져. 그렇게 합격한 기억이 오래 지속할 수 있는 에너지와 기운으로 작용해. 수습 교육에 임하는 청소년들의 눈을 보면 비장할 거야. 그렇기에 첫 시간인 오리엔테이션을 하면서 신입 기자로서 어떻게 활동할 것인지 어떤 마음으로 시작해야 하는지, 스스로 다짐하게 분위기를 잡아 가야 해.

우선 신문 동아리의 정체성을 알려 줘야 해. 어떤 과정을 통해 만들어져서 지금에 이르렀는지 역사를 공유하는 것은 중요하거든. 역사가 짧을수록 더 뭉칠 수 있는 에너지가 생길 수 있어.

오리엔테이션 시간에 이미 만들어진 동아리 신문이 있으면 효과가 있어. 함께 살펴보며 신문이 추구하는 방향과 청소년 기자로서의 활동 영역 등에 대한 설명이 한결 쉬워지거든. 가능하다면 다른 학교의 동아리 신문을 구해서 서로 비교해 보는 것도 도움이 될 거야. 다른 동아리 신문에서 배울 점은 무엇이고, 우리 동아리 신문만의 차별화된 강점은 무엇이고 약점은 무엇인지 분석하면서 토론·토의를 진행하는 것도 좋아. 그래야 공감대를 유지하면서 같은 방향으로 나아갈 수 있기 때문이야.

동아리 신문이 어떤 과정을 거쳐서 만들어지는지 교육도 필요해. 편집 회의부터 신문 제작까지의 과정을 차례로 설명하고 각자 맡은 부분을 책임 있게 마무리해야 차질 없이 나온다는 사실을 인지시켜야 하지. 지면 구성에 대한 설명도 필요해. 지면에는 고정 꼭지가 있고 그때그때의 시사 이슈, 기획 기사, 학교 소식 등을 담을 수 있어.

청소년 기자로서 예절 교육도 지나칠 수 없는 부분이야. 동아리 내에서 지켜야 할 것과 학교 내부나 외부로 취재 갈 때 특별히 주의해야 할 사항들에 대해 알려 줘야 해. 대부분의 청소년 기자라면 기본예절은 갖추어졌다고 판단이 들지만, 때로 넘치는 에너지를 주체하지 못해 과한 언행이 드러날 수 있거든. 감정이 이성보다 앞서는 경우를 줄여 나가자는 차원에서 주지시킬 필요가 있어.

중요한 기본예절을 꼽으라면 약속 시간 지키기와 기사 마감 시간 지키기야. 그리고 상대방을 배려하고 되도록 상대방이 하는 말을 잘 들어 주기지. 인터뷰 도중에 집중력이 흐트러지고 장난을 치거나 지루해하는 마음이 그대로 표정과 행동으로 드러나는 경우를 조심해야 해. 상대방이 말을 하는 도중에 끊고 자기 발언을 높인다거나, 이동할 때 설명하는 이에 바싹 다가가지 않고 떨어져 듣는 것은 잘못이라고 알려 주어야 해. 몰라서 그런 거거든. 남을 올리고 자신을 낮추는 태도가 쉽지는 않겠지만 실천하도록 노력하는 것도 청소년 기자로서 품위를 지키는 것이라 할 수 있어.

오리엔테이션을 마치면 앞으로 어떤 마음가짐으로 활동을 할 건지 다짐을 적어 보는 것도 의미가 있어. 이런 글은 기자 활동이 힘들 때 위안이 되고 활력이 되거든. 그리고 신입 기자가 누군지 알리는 홍보 차원에서 다짐과 사진을 신문에 올리면 책임감이 솟아나게 될 거야. 다음 글은 곰곰이 기자들이 수습 첫 시간에 쓴 '신입 기자의 다짐'이야.

2020년이 끝나고 벌써 1월이 끝나 가 수습기자 생활도 끝이 났다. 나는 이번 기자 생활에 최대한 신경을 쓸 것이며 취재하고 기사를 쓸 때도 최선을 다하겠다. 이 기회를 통해 발전하고 최선을 다하는 기자가 될 것을, 자신하고 모든 사람들에게 매월 신선하고 즐거운 기사를 쓸 것을 약속한다.

≫ 허윤용(초등학교 6학년), 2021년

2021년 곰곰이 기자가 되었다. 곰곰이 기자단에 들어온 것도 좋은데 벌써 수습 교육을 끝마치고 진짜로 기사를 써야 하니 긴장되기도 하고 설레지만, 기사도 정성스럽게 쓰고 취재하러 다닐 때도 열심히 다니며 여태까지 써 왔던 선배님들처럼 2021년 〈곰곰이 신문〉에 모두가 좋아하고 재밌어 하는 기사를 쓰고 싶다.

≫ 박나은(초등학교 6학년), 2021년

신입 교육을 시작하면 함께 교육을 받는 동기들끼리 빨리 친숙해지는 것이 중요해. 따라서 교육 시간의 자리 배치는 모두 서로의 얼굴을 볼 수 있도록 하는 게 좋아. 교육 인원이 많으면 누가 누군지 알아가는 데에도 시간이 걸리므로 자기소개 시간을 가질 필요가 있어.

우선 모두에게 용지를 한 장씩 나눠 줘. 자기소개를 위한 넓은 칸이 있고 동기들의 소개를 간단하게 메모할 칸이 여러 개 있어. 자기 자신을 동기들에게 어떻게 소개할 것인지 정리하는 시간을 줘. 가능한 독창적으로 자신을 제대로 인식시킬 수 있도록 써 보라고 하고, 너무 길게 쓰려고 하지 말고 핵심어만 적어서 설명할 수도 있다고 말해 주면 돼. 대부분은 열심히 자기소개 글을 쓰기 시작해. 적어 놓고 다시 읽어 보고 또다시 쓰기를 반복하면서 완성을 해갈 때 소개하는 방법을 설명해 주는 거야. 자기소개는 말로 하기. 자기가 써 놓은 글을 읽지 말고 말로 하라는 뜻이야. 종이에 얼굴을 파묻고 자기가 쓴 글을 읽지 말라고 주의 줘. 그렇게 읽으면 다른 이들이 소리를 잘 듣지 못한 채 소개는 끝이 나는 거야. 소개는 실패한 거지.

자기소개를 서슴없이 하는 청소년은 드물어. 듣는 모두를 눈으로 둘러보며 교감하는 소개가 좋아. 그래야 제대로 된 소개가 되거든. 요즘 청소년들 가운데 일부는 대면기피증이 있을지 모른다는 생각이 들어. 조그마한 스마트폰 화면에 얼굴을 묻고 들여다보고 있으니 실제 얼굴을 보면서 대화하는 것이 얼마나 중요한지 깨닫지 못하거나, 알지만 실천하지 못하는 경우가 많을 것으로 여겨지거든. 처음 만나는 사람에게 자기를 알리는 것은 대단히 중요한데 말하기 귀찮다며 글로 써서 보여 줄 수는 없는 거잖아? 그런 의미에서 자기소개는 중요한 교육이 되는 거야.

자기소개도 중요하지만 다른 기자들의 소개도 들어야지. 경청이 중요한데 쉽지 않아. 다른 기자들은 어떻게 소개하는지 잘 들으면서 필요하면 메모를 하고 궁금한 것이 있으면 질문을 통해서 상대방을 알아 나가야 한다고 말해 줘야 해. 잘 들어야 내 소개와 다른 신입 기자들의 소개 내용이 어떻게 다른지 비교할 수 있어. 그리고 자신의 부족한 점을 보완해 나갈 때 발전이 있어.

자기소개를 통해 가능한 한 빨리 동기들의 이름을 아는 것이 중요해. 이름을 알아야 필요할 때 부를 수 있잖아. "어이!" "야"라고 부르지 말고 이름을 불러 주는 것이 좋거든. 교육 2~3차까지는 자기가 만든 이름표를 앞에 세워 놓게 하고 동기들 이름이 뭔지 말하게 하면 효과가 있을 거야.

기사 준비의 첫걸음은 토론·토의

토론은 어떤 문제에 대해 여러 사람이 의견을 내고 각자 자신의 의견이 정당함을 말하는 것이라면, 토의는 어떤 문제에 대해 각자의 의견을 내놓고 검토하고 협의하는 거야. 토론과 토의는 주장과 근거가 논리적인 관계라는 비슷한 점이 있어. 토론은 자신의 해결책으로 상대방을 설득하는 과정이고, 토의는 최선의 해결책을 찾아가는 거지. 다가오는 연휴에 가족 여행을 어디로 갈지 가족이 모여 정하는 것이 토의의 예야.

때때로 대화를 나누다가 토론으로 진행하는 경우가 생길 수 있어. 의견이나 생각이 맞지 않아 발생하는 토론은 즉흥적으로 끝나는 경우가 많아. 그러다 보니 학교나 동아리 모임 등에서 준비 없이 하는 토론은 의미가 없다며 반대하는 사람들이 있어. 토론에 소비되는 시간은 낭비라고 생각하고, 토론하는 장소에 한계가 있다는 거야. 교육 과정과 자료 등이 토론에 적합하지 않거나 결론짓지 못하는 주제로 토론을 진행하는 경우도 있어. 또 학생들의 미성숙하고 부적절한 의견과 토론 과정 중 생기는 갈등과 감정으로 방향을 잃는 문제도 생길 수 있어.

그럼에도 불구하고 토론은 필요하다고 생각해. 토론은 교실에서만 있는 일이 아니고 살아가면서 반복되는 과정이거든. 즉 생활 토론이 되어야 한다는 것이야. 그런 가운데 다른 사람의 의견을 수용하게 되고 서로 마음을 열기도 하니 말이야. 다른 사람과의 생각 차이가 틀린 것이 아닌 다름이라는 것을 인정함으로써 자아 인식과 자신감이 성장할 수도 있어. 이 시대의 학생은 지식은 있으나 의식이 없다는 말, 들어 봤니? 지식과 의식을 연결하기 위해서는 토론이 필요한 거야.

신문 동아리에서 기사 준비의 첫걸음은 토론·토의야. 이 과정을 거쳐 더 좋은 기삿감을 선정할 수 있어. 자신이 준비한 기삿감이 왜 선정돼야 하는지 이해시키고 동참하도록 상대방을 설득하는 수단이 되거든. 이 첫걸음을 수습 교육 시간에 다루면 기자 활동에 도움이 될 거야.

토론·토의를 진행하려면 우선 주제를 정해야 해. 청소년들이 충분히 이해하고 자기 목소리를 낼 수 있어야 좋은 주제라 할 수 있지.

주제에 대해 미리 관련 자료를 조사하고 공부를 해야 해. 사전 조사는 주제와 관련된 주요 뉴스나 사진을 모으는 거야. 요즘은 인터넷이 대중화되어 있고 스마트폰이 있으니 검색만 하면 쉽게 관련 자료를 찾을 수 있어.

찾고자 하는 것을 얼마나 꼼꼼하게 살펴보느냐가 관건이야. 토론에 필요한 내용은 스마트폰에 저장하고 핵심을 따로 써 두면 도움이 될 거야. 인용한 내용은 반드시 출처를 밝힐 수 있도록 기록해 두면 좋아. 준비한 내용에서 중요한 부분에 줄을 치거나 느낌이나 생각 등을 추가로 요약하고 적어 두면 토론·토의를 할 때 쓰임새가 있어. 굳이 토론·토의라고 한 이유는 대개는 토의로 진행되지만 의견

차이가 있을 때 토론으로 전개될 수 있어서지.

예를 들어, 토론·토의 교육을 진행할 때 주제를 '고교 학점제'로 정해 보자. 미리 사전 조사나 공부를 해야 돼. 고교 학점제는 2025년부터 전면 시행된다고 해. 이를 단계적으로 이행해 나가기 위해 2023년부터 일부 고등학생에 적용한다고 해. 새로운 제도의 시행에 관심과 환영, 우려와 비판 등 다양한 반응이 나올 수 있겠지.

고교 학점제는 입시 위주의 획일적인 교육 과정 대신 학생들이 자기 진로와 적성에 따라 맞춤 수업을 듣게 하겠다는 취지에서 하는 거야. 3년간 192학점을 채워야 졸업할 수 있어. 대학생처럼 과목을 골라 시간표를 짜서 수업을 듣고 기준 학점을 채우면 졸업해. 여러 학년이 섞여 수업을 듣는 '무학년 수업'도 실시될 예정이야. 듣고 싶은 과목이 다른 학교에 있으면 다른 학교나 대학에서 온·오프라인 수업을 들을 수도 있어.

국어, 영어, 수학은 상대 평가를 유지하기 때문에 내신 경쟁에 지나치게 몰두하고, 고등학교 2학년 때부터는 형식적으로 선택 과목을 듣는 식으로 파행될 가능성도 있어. 그래서 반쪽짜리 고교 학점제란 말도 나오지. 교육부에서는 학점제가 되면 고교 서열화가 없어질 거라고 하지만, 교육계에서는 지역 간 교육 격차가 더 벌어질 것이라며 반발하고 있어.

자, 고교 학점제에 대해 어떻게 생각하는지 수습 교육 시간에 친구들과 토론·토의해 봐. 모두 한 팀이 되어 진행할 수도 있고, 인원이 많으면 팀을 쪼개서 할 수도 있어. 어떤 형태건 토론·토의의 원활한 진행을 위해 진행자가 필요해. 그리고 시작하기 전에 흐름을 잡아 주면 효율적인 진행이 가능해. 예를 들어, 다음처럼 할 수 있어.

- 고교 학점제란 무엇인가?
- 고교 학점제는 어떻게 바뀌나?
- 고교 학점제 관련 집중적으로 토론할 점은 무엇인가?
- 고교 학점제의 좋은 점과 문제점은 무엇인가?
- 문제점을 보완할 방법으로 무엇이 있을까?

이런 흐름으로 의견을 점검하고 시작하면 반박할 내용이 있을 때 순발력 있게 대응할 수 있어. 주어진 시간 내에 불꽃 튀는 논의를 하면 좋지만 모두 잘하는 건 아니야. 팀 단위로 한다면 의견이 안 맞아서 진행되지 않기도 하고 모두가 너무 말을 안 해 시간만 흘러가는 경우도 있을 수 있어.

토론·토의 시간을 마치면 논의한 내용을 정리해 각자 발표하는 거야. 잘됐으면 잘된 대로 안 됐으면 안 된 대로 하는 거지. 서로의 발표를 들어 보면서 느끼고 배울 점은 있기 마련이거든. 각자 잘한 부분과 못한 부분을 제대로 파악하고 보완하려는 마음이 들면 교육은 성공이야.

사실과 **의견**, **주장**과 **근거**를 구분해야

사실은 실제로 있었던 일이나 현재에 있는 일이고, 의견은 어떤 대상에 대해 품은 생각이야. 사실과 의견을 구분하는 것은 중요해. 사람들은 뉴스나 칼럼 등을 읽으면서 무엇이 사실이고 무엇이 의견인지 크게 의식하지 않아. 사실과 의견을 구분 없이 받아들인 다음 다른 사람에게 전달할 때 모두가 사실인 것처럼 왜곡하는 경우가 많아. 누구나 자기 생각까지 넣어 조금 부풀려서 말한 경험이 있지 않을까? 글쓴이나 말한 이의 의견을 사실로 받아들이는 경우가 허다하게 발생하고 있거든.

사실과 의견을 구분하지 않으면 사실을 사실대로 쓰지 못하거나 다른 사람의 의견까지 사실로 여기고 글을 쓰게 될 거야. 가짜 뉴스가 되는 셈이지. 그러다 보니 우리 사회에 가짜 뉴스들이 널리 퍼지고, 사실인지 아닌지 가리는 팩트 체크 뉴스도 이어지고 있잖아.

사실은 있는 그대로 인정해야 하지만, 사실에 대한 의견은 자기 생각과 비교하면서 판단할 필요가 있어. 그래서 의견이 같으면 같은 대로 다르면 다른 대로 공감하거나 비판하는 능력이 있어야 해. 청소년 기자가 기사를 쓸 때도 예외가 아니야. 특히 인용하는 글이나 다른 사람의 자료를 사용해야 할 때 내용이 사실인지 의견인지 잘 살펴봐야 해. 남의 의견을 사실이라 생각하고 쓰는 잘못을 막기 위해 사실과 의견을 구분하는 교육이 필요한 거야.

교육하기 좋은 글은 독자 투고나 칼럼이야. 독자 투고는 일반인들이 쓴 글로 비교적 쉬운 내용이지. 개인이 일상생활을 하다가 불편하거나 문제가 되는 것들을 써서 신문사에 보내는 것이라서 사실과 의견을 구분해 보는 연습에 적합한 글이야.

다음 글은 곰곰이 기자들이 사실과 의견 교육을 할 때 활용하는 여러 글 가운데 하나야.

※ 아래 글에서 글쓴이의 의견에 해당하는 문장에 줄 치세요.

음원 정액제를 거부하는 뮤지션이 늘어나고 있다. 반면 온라인 음원 사이트에서 종량제로만 다운로드, 스트리밍 서비스를 제공하는 뮤지션도 늘어나고 있다. 음악 생산자에게 정당한 대가를 지급하지 않는 저가 다운로드, 스트리밍 패키지 상품의 문제점을 널리 알리겠다는 취지다.

음원 정액제는 창작자와 제작자가 가격을 매기거나 서비스 방식을 선택할 수 없다는 큰 문제가 있다. 또 월 정액제는 시장 규모를 한정한다. 그리고 음원 서비스 업체가 음원 가격의 절반가량을 가져가는 불합리한 수익 분배 구조도 개선되어야 한다는 의견도 나오고 있고, 본인이 만든 노래로 음반을 내거나 공연 때에도 저작권 협회에 먼저 돈을 내고 거기서 15퍼센트 수수료를 떼인 뒤 되돌려 받아야 한다고도 하였다.

보통의 음원 차트는 제일 위에 추천곡 한두 개 정도를 띄워 놓는다. 그러나 이것이 인기도가 높다는 판단 오류를 유도해 차트를 왜곡한다는 주장도 있다. 또 자사 곡의 홍보 수단으로 사용하고 있다는 지적도 있다. 예를 들어 멜론은 아이유 노래를 지나치게 홍보할 때도 있다는 것이다.

이에 추천은 랭킹 차트가 아닌 곳에서만 허용해야 하고 진정한 인기도에 기반한 랭킹 산정 공식의 유도와 합의가 있어야 한다는 의견이 나왔다. 또 음원 사이트들은 라디오 기능을 만들었는데, 이것은 새로운 음악으로 귀를 넓힐 수 있게 많은 도움을 준다고 생각한다. 라디오 기능은 특정 곡을 들으면 이와 비슷한 분위기의 곡을 자동으로 선정해 준다.

앞으로는 현대카드와 같이 뮤지션들에게 무대를 만들어 주고 수익의 80퍼센트를 주는 것처럼 정액제를 반대하는 뮤지션들도 다 수용할 수 있는 방안을 마련해야 한다.

≫ 고예은(신곡중학교 3학년), 2013년 4월

앞의 예시 글에서 글쓴이의 의견에 해당하는 문장은 다음과 같아.

1. 또 음원 사이트들은 라디오 기능을 만들었는데, 이것은 새로운 음악으로 귀를 넓힐 수 있게 많은 도움을 준다고 생각한다.
2. 앞으로는 현대카드와 같이 뮤지션들에게 무대를 만들어 주고 수익의 80퍼센트를 주는 것처럼 정액제를 반대하는 뮤지션들도 다 수용할 수 있는 방안을 마련해야 한다.

다음 글은 곰곰이 기자 수습 교육에서 사용한 주장과 근거 관련 예시 글이야. 글쓴이의 주장이 무엇인지 파악하고 근거는 무엇인지 찾아보는 연습을 해 볼까.

※ 아래 글을 읽고 글쓴이의 주장과 근거를 찾아 쓰시오.

펜은 칼보다 강하다는 말은 사고, 글, 언론 등으로부터 정보 전달이 때론 무력보다 사람들에게 큰 영향력을 미칠 수 있음을 비유하는 표현이다. 이러한 말이 있듯이 뉴스가 사람들에게 미치는 영향은 매우 크다. 뉴스는 한 나라의 역사 또는 한 사람의 인생을 바꾸는 계기가 되기도 하고, 국민들과 국가 간의 소통망이 되어 주기도 한다. 이와 같이 국민들이 중요한 소식들을 빠르게 얻을 수 있는 대표적이고 어떻게 보면 유일하다고 볼 수 있는 길이 뉴스이기에 대부분 사람들은 뉴스에서 하는 말을 의심 없이 받아들인다.

그러나 하루에도 수많은 양으로 쏟아지는 뉴스들 중 가짜 뉴스가 섞여 있다면 이는 국민들에게 큰 혼란스러움과 배신감을 안겨다 줄 것이다. 이렇게 가짜 뉴스들이 미치는 영향력이 커지자 가짜 뉴스에 의한 피해자들 중 한 명인 프랑스의 대통령은 가짜 뉴스를 막을 법안을 추진하겠다고 밝혔다. 나 역시 비리와 조작으로 포장된 가짜 뉴스들을 단속하고 엄격하게 관리하자는 가짜 뉴스와의 전쟁의 의도에 대해서는 긍정적인 입장이다. 한 나라의 국민으로서 사실만을 전달받으며 국가가 돌아가는 진짜 모습을 알 권리가 있기 때문이다. 진실된 뉴스들만이 살아남을 수 있도록 하는 과정에서 가짜 뉴스들을 무찌르는 것은 필수적인 일이다.

하지만 가짜 뉴스라는 용어의 의미가 변질되어서는 안 된다. 정치인들 중 사실인 내용을 다룬 뉴스임에도 불구하고 자신에게 불리하거나 비난하는 내용이 있다는 이유로 이를 가짜 뉴스라고 일컫는 사람들이 있기 때문이다. 가짜 뉴스와의 전쟁이라는 이슈가 대두됨에 따라 걱정되는 부분이 있다면 개인의 정치적 목적 달성을 이유로 가짜 뉴스의 기준이 모호해질 수도 있다는 것이다. 가짜 뉴스와의 전쟁이 오히려 좋지 않은 결과를 낳지 않도록 본래의 의도대로, 객관적인 기준으로 이루어지기를 희망한다. 또한 언론 매체들도 스스로 독립성을 유지하고 자신들의 역할에 대한 사명감을 가졌으면 한다.

≫ 여름(신도고등학교 1학년), 2018년 2월

글쓴이의 주장 :

주장의 근거 :

> **글쓴이 주장 :** 가짜 뉴스를 단속하고 엄격하게 관리하자.
>
> **주장의 근거 :** 가짜 뉴스는 국민들에게 큰 혼란스러움과 배신감을 안겨다 줄
> 것이다. 한 나라의 국민으로서 사실만을 전달받으며 국가가 돌아가는 진짜
> 모습을 알 권리가 있기 때문이다.

청소년 기자가 쓰는 기사는 있는 사실을 알려 주는 것으로만 그쳐서는 안 돼. 개인의 생각이나 의견, 주장이 들어가 있는 사설이자 칼럼이어야 하지. 그래야 기자를 하게 된 취지와 맞거든. 청소년의 시선으로 본 세상을 표현할 때 어떤 판단과 관점으로 이해하는지 잘 드러나야 해. 상식이 통하는 선에서 자기 논리 세우기를 하는 거야.

이 교육을 통해 일반적으로 알고 있는 사실이 진짜 사실인지 제대로 파악해 보는 자세가 필요하고 사실에 입각한 기자의 생각이 비판적으로 들어갈 수 있어야 해. 청소년 수준에 맞게 사실과 의견, 주장과 근거를 가릴 수 있는 기사를 찾아서 교육에 활용함으로써 좋은 기사를 쓸 수 있는 토대를 만들어야 할 거야.

기사 비판하기, 더 잘 쓰기 위한 활동

신문 동아리에서 만든 신문이 나오면 청소년 기자들은 모두 신문을 펼쳐 들고 자기 기사를 읽는다고 말이 없을 거야. 자기가 쓴 기사를 보면서 평가하고 있거든. 더 잘 쓸 수도 있었는데 하면서 마음에 들지 않아 하거나 아쉬움이 남지. 늘 그래. 마감에 쫓기며 기사를 제출하고 나면 우선은 마음이 편안해져. 그리고 막상 나온 신문을 보면

늘 마음에 들지 않아. '왜 이렇게 썼을까? 이 부분은 이렇게 써야 했는데' 등 생각이 많을 거야. 그래서 청소년 기자들이 기사를 쓰는 단계부터 좀 더 다부지게 글을 쓸 수 있도록 도움을 주는 방안이 있어. 다른 사람이 쓴 기사를 평가하면 스스로 기사를 쓸 때 발생할 수 있는 오류를 줄이는 데 도움이 될 거야.

청소년 기자라면 다른 사람이 쓴 글이나 기사를 분석하고 비판할 수 있어야 한다고 생각해. 그래야 자기 글이나 기사를 잘 쓸 수 있어. 자신의 이름을 건 글에 책임을 지는 거니까. 비판은 사물의 옳고 그름을 가리어 판단하거나 밝힌다는 의미야. 비난은 남의 잘못이나 결점을 책잡아서 나쁘게 말하는 것이라 그 의미가 달라. 기자는 비난을 하는 것이 아니라 비판을 해야 해.

선배들이 쓴 기사가 주요 먹잇감이 돼. 함께 활동하고 있는 선배들의 기사가 아니라 졸업한 선배들이 쓴 기사를 대상으로 하는 것이 좋아(뒤끝이 두려우니까). 선배들도 자기 기사가 나왔을 때 아쉬운 점이 있었을 거야. 선배들 기사 비판 글을 쓰면서 후배는 글 쓰는 능력치를 올릴 수 있어.

기사를 비판하기 위해서는 살펴야 할 것들이 있어.

1. 무엇을 알아보고자 했는가?
  - 청소년의 눈높이에 맞는가?
  - 청소년들이 알고 싶어 하는 것들과 알아야 하는 것들을 다뤘는가?

2. 청소년다운 기사인가?
  - 어른의 글을 그대로 옮겼는가?

- 청소년들이 이해할 수 있는 문장으로 돼 있는가?
- 어려운 단어나 전문 용어를 되도록 쉽게 썼는가?

  그렇지 않을 경우는 별도의 설명이 붙었는가?
- 취재한 내용과 생각이 충분히 나타나 있는가?

3, 기사의 제목은 적당한가?

- 제목이 기사의 방향과 맞고 기사의 내용을 담고 있는가?
- 독자들이 읽고 싶도록 제목을 만들었는가?

4, 설문 조사가 이루어진 기사인 경우, 적절한가?

- 적절한 질문과 보기가 있는가?
- 통계는 정확한가?
- 그래프를 통해 한눈에 알아볼 수 있게 돼 있는가?

5, 인터뷰는 적절한가?

- 주제에 적합한 인터뷰 질문과 대답이었는가?
- 인터뷰 대상자가 기사 주제에 대해 제대로 대답했는가?
- 인터뷰 사진이 있는가?

6, 기사 도입 부분은 기사를 쓰게 된 이유가 자세하고 구체적으로 드러나 있는가?

- 설문 조사가 들어간 기사라면 조사 대상과 인원이 명시되어 있는가?
- 인터뷰 기사라면 대상 소개가 돼 있는가?
- 독자들에게 주제에 관한 메시지를 전달하고 있는가?

- 드러난 문제점에 대해 대책을 밝히거나 제안하고 있는가?
- 마무리가 잘 되었는가?

아래 기사는 곰곰이 기자가 쓴 글인데 읽어 봐. 비판할 점이 무엇인지 찾아보고 비판하는 글을 써 보는 것도 괜찮아.

세종대왕님! 죄송합니다

21세기에 들어서면서 인터넷 사용과 많은 외국어 사용으로 인해 한글이 점점 훼손되고 있다는 것을 느낄 수 있다. 더군다나 요즘 어린이와 청소년들의 채팅 용어와 점잖지 않은 용어 등의 사용으로 더욱더 그렇다. 그래서 우리는 우리 주위에 있는 청소년들과 어린이들은 얼마나 많이 한글을 훼손하고 있는지 알아보기 위해 다음과 같은 설문 조사를 실시하였다.

첫 번째 질문에서는 청소년이 얼마나 채팅 용어를 많이 쓰는지 알 수 있었다. 채팅 용어의 종류에는 ㅋㅋ(크크) ㅎㅎ(하하), ㄱㅅ(감사), 즐, ㅎ2(하이), ㅂ2(바이) 등이 있다. 이런 채팅 용어를 많이 쓰는 사람들은 69.2퍼센트, 안 쓰는 사람은 13.3퍼센트가 되었다. 이 답변에서 우리는 한글이 훼손되고 있다는 것을 알 수 있다. 하지만 알기는 하지만 쓰지는 않는다(17.5퍼센트)도 조금 있었다.

채팅 용어는 좋을까? 안 좋을까? 아마 채팅 용어가 생긴 이유는 컴퓨터 자판에 일일이 쓰기가 힘들고 채팅 용어를 쓰면 더 편리하고 시간이 절약되기 때문일 것이다. 채팅 용어는 채팅할 때만 쓰는 것은 괜찮다. 그러나 채팅 때가 아닌 일상생활에서 쓰는 것이 문제이다. 이런 문제에 대하여 반성하는 사람들은 22.5퍼센트 밖에 되지 않았고 일일이 치기는 힘드니 채팅 용어를 쓰는 것은 괜찮다고 생각하는 사람은 40퍼센트나 되었다. 그래서 이러한 답변에 의해 우리는 채팅 용어의 과도한 사용을 반성할 필요가 있다고 생각한다. 우리나라가 계속 이대로 간다면 세종대왕님이 3년 동안 힘들게 만드신 한글은 물거품이 되어 버리고 말 것이다.

세 번째 질문으로 한글이 훼손되는 가장 큰 이유가 무엇인지 물어보았다. 그랬더니 가수의 외래어(일어, 영어, 중국어 등) 사용이라고 생각하는 사람은 24.2퍼센트, 채팅 용어의 사용으로는 43.3퍼센트, 한글에 대한 무관심으로 인해는 32.5퍼센트가 되었다. 역시 이 질문에서도 채팅 용어의 사용으로 인해서가 1위를 차지하고 있다. 정말 채팅 용어의 사용은 심각하다. 채팅 용어에서 '단무지'의 뜻은 '단순하고 무식하고 지식이 없다'는 뜻이다. 이 단무지의 뜻을 아는 사람들은 70.8퍼센트였다. 단무지는 안 좋은 뜻이다. 그런 단어를 많이 알고 쓰고 있다니 참 심각하다.

이번에는 한글을 보존하는 프로그램(세대소통 말 달리자, 세대소통 단어장 만들기* 등)에 참여할 수 있는 기회가 온다면 어떻게 하겠냐고 물어보았다. 그랬더니 기쁘게 참여한다는 43.3퍼센트, 마지못해 참여한다는 36.7퍼센트, 아예 참여하지 않는다는 20퍼센트였다. 기쁘게 참여한다가 그나마 많이 나오는 것을 보니 다행이다.

세종대왕님은 1442년 한글을 만들기 시작하여 1445년에 한글을 반포했다고 한다. 우리의 한글에는 조상들의 얼과 문화가 담겨 있는데 이러한 소중하고 편리한 한글은 훼손되면 안 된다.

≫ 왕은아(상당초등학교 5학년), 2007년 10월

* 2007년, 부산의 청소년수련관에서 다른 세대의 언어를 이해하고자 진행한 프로그램.

위 기사에 대한 신입 교육을 받은 후배 기자들의 비판 글이야.

1. 제목과 기사의 내용이 일치하지 않는다고 생각한다. 왜냐하면 제목은 '세종대왕님! 죄송합니다'인데 기사의 내용은 죄송하다는 내용이 없고, 채팅 용어에 대해서만 적혀 있다. 그래서 내가 생각하기에는 제목을 '한 글을 알맞게 사용하자'라고 바꾸었으면 좋겠다. 채팅 용어는 채팅을 할 때만 사용하면 되는데 일상생활에서도 사용하는 것이 문제가 된다. 채 팅 용어를 쓰는 사람들이 채팅 용어를 사용하지 않도록 노력을 했으면 좋겠다.

2. 먼저 제목인 '세종대왕님! 죄송합니다'와 기사의 내용이 전혀 관계가 없는 것이다. 원래 기사의 제목은 기사의 내용과 관계가 있어야 하는데, 기사의 내용에서는 세종대왕께 죄송하단 마음은 없고 단지 설문 조사한 내용과 한글을 훼손시키는 내용만 담고 있다. 하지만 글쓴이의 주장에 맞게 설문 조사를 잘했다. 그렇지만 기사의 문장이 길어서 내용을 잘 알 수 없지만 자신의 주장은 잘 드러나게 쓴 것 같다.

이런 비판 글을 쓰는 활동을 하면서 다음에 자신이 쓴 기사를 후배 들이 비판한다는 생각에 더욱 신경 쓰며 기사를 쓰지 않을까. 이런 활동은 기사의 어떤 점이 좋은지, 부족한 점이나 아쉬운 점이 무엇 인지, 앞으로 기사를 쓸 때 스스로 주의해야 할 점은 무엇인지 짚어 볼 수 있다는 점에서 효과적이야.

주제 잡기, 관심 가지면 **보이는 것**

취재를 위한 주제를 선정하기 위해 모든 기자들은 편집 회의를 준비해야 해. 다양한 주제가 준비되어 올라와야 의미 있는 회의를 진행할 수 있거든. 따라서 주제 잡기 교육은 아주 중요해. 시간이 없어서 준비를 못했다는 변명이 늘어날수록 주제는 허술해질 수밖에 없어. 철저하게 준비할 수 있도록 하는 확실한 교육은 필수야.

일반적으로 주제를 잡기 위해 생각할 수 있는 범위는 다음과 같아. 대개 이런 범위 안에 들어가는 주제를 선정하면 무리가 없어.

- 청소년 삶 : 학교생활, 학교 외 활동
- 독서 : 청소년 책, 작가
- 단체 : 사회단체, 모임, 기관, 학교
- 사람 : 청소년과 관련된 일을 하는 사람, 교사, 학교 선배, 특별한 사람
- 행사 : 전시회, 공연, 축제
- 이슈 : 뉴스, 사회 현상, 운동, 환경, 문화
- 장소 : 체험 현장, 박물관, 기념관

하지만 주제에 적합한 행사나 이슈가 늘 있는 것도 아니고 있다고 해도 찾아내는 것 또한 쉬운 일은 아니야. 주제를 얻기 위한 정보는 어디에서 얻을 수 있을까? 일반적으로 신문, 인터넷, 부모, 친구, 주변 환경 등에서 주제를 얻을 수 있어. 여행이나 일상생활 속에서 우연히 티브이, 책, 잡지, 취미나 특기, 번쩍 떠오른 생각 등에서도 기사의 주제를 얻을 수 있어. 가장 비중이 높은 것은 인터넷을 통한 뉴

스의 검색이라고 봐. 기념일이나 지역 행사, 또는 지역의 특징을 살릴 만한 것들도 주제로 무난해.

우연히 신문에서 아프리카 유아들을 위해 모자 뜨기를 해서 보내 주자는 홍보 문구를 봤어. 함께 모자 뜨기를 해서 보내 주는 것이 주제가 되었어. 그런데 문제는 뜨개질을 아무도 못한다는 거야. 가까운 재래시장 안에 있는 뜨개질 판매점에 가서 기본을 배우고 모든 기자들이 다 붙어서 뜨개질을 시작했지. 급기야 기자들의 어머니들이 동참하고 소식을 들은 곰곰이 회원들이 추가로 합세해서 서투른 솜씨로 만든 뜨개 모자를 모두 모아 보내준 적이 있어. 기자들 모두 뿌듯함과 보람을 느꼈을 거야. 무심코 지나치던 것들에 조금만 관심을 가지면 주변에서 기사 주제를 찾을 수 있어.

한 기자 부모님이 부산진경찰서에서 CSI 체험 교실이 열리고 있다는 사실을 알려 줬어. 그리고 편집 회의에서 취재하기로 정했어. 거리가 제법 있는 취재일 경우에는 어른들이 인솔해야 하는데, CSI 체험 교실을 알려 준 어머니가 취재에 동행했어. 우리가 바라보는 세상이 전부는 아니고 보이지 않는 곳에서 여러 일들이 일어나고 있으며 이를 해결하기 위해 묵묵히 최선을 다하는 사람도 있다는 사실을 깨닫는 기회가 되었어.

마땅한 주제가 떠오르지 않으면 머리를 쥐어짜도 안 될 때가 있어. 뭐로 해야 할지 고민하다가 순간 떠오른 아이디어가 괜찮은 주제가 되기도 해. 예전에 비비총이 한창 유행하던 시기가 있었어. 놀이터며 학교, 길거리에서도 마구 쏘며 다녀서 사고의 위험이 늘 있었고 실제로 사고가 나기도 했지. 곰곰이 기자들은 비비총이 위험하다는 경각심을 불러일으켜 아무 데서나 사용하면 안 된다는 점을 알리기로 하고, '비비총의 위험'이란 주제를 잡았어. 비비총의 위력을 직접 실험을 통해서 알아보기로 했어. 비비총의 표적이 될 깡통과 플라스틱 통 등을 준비하고 사람이 없는 안전한 장소에서 사격해 보고 그 결과를 기사로 쓴 적이 있지. 그 결과 무질서한 비비총 사용에 제동이 걸렸다고 생각해.

기삿감으로 쓸 주제는 멀리 있는 것이 아니야. 주변 환경에 조금만 신경을 쓰면 찾을 수 있어. 그러기 위해서 가장 중요한 것은 관찰이야. 평소 무심코 지나가던 곳에 관심을 가지면 안 보이던 것들이 눈에 들어오기 시작하거든. 주제가 대단한 것이 아니더라도 상관없어. 일상에서 일어나는 작은 변화도 기삿감이 될 수 있다는 점을 명심하길 바라.

주제를 쉽게 찾을 수 있다 하더라도 적당한 주제인지는 좀더 고민해 봐야 해. 주제가 시기에 맞는지도 따져 봐야 하고. 봄여름에 크리스마스를 주제로 삼는 것은 시기적으로 적절하지 않다는 것, 알겠지? 시기에 적절한 기삿감들이 있을 텐데 왜 주제로 선정되어야 하는지 명확한 이유를 들 수 있어야겠지.

그리고 공간적 제약을 고려해야 해. 먼 곳에서 일어난 뉴스를 보고 그곳으로 떠나자는 것은 무리가 있거든. 오스트레일리아에서 난 산불 기사를 보고 기자들이 오스트레일리아로 갈 수는 없잖아. 굳이 그 주제를 선정하고 싶으면 우리 지역에 대입해서 할 수 있는지 따져 봐야 해. 호주 산불을 보고 우리 주변에서 불조심해야 할 부분을 찾는 거지. 그래야 공간적 제약을 벗어나서 기사로 탄생할 수 있는 거야.

이렇게 주제 하나를 선정하는 데에도 신경 써야 할 것이 많아. 그냥 적당하게 잡으면 될 거라 생각할 수도 있겠지만 그런 경우 대개는 중간에 실패하거나 좋은 기사로 나오지 않는다는 것을 지금까지의 경험으로 볼 때 알 수 있거든.

주제가 좋으면 기사도 좋을 가능성이 높아. 좋은 주제란 취재하기 쉽고 취재하면서 재미있고 새로운 것을 알게 되어 독자들에게 알려 줄 것이 많은 것이야. 하지만 이런 주제가 기자 활동을 하는 동안에 늘 선정되는 것은 아니라는 점 알아 두면 좋겠지?

주제를 잡으면 문제점, 궁금한 점, 알아보고 싶은 것들을 설문 조사, 인터뷰, 답사, 체험, 실험, 견학 등을 통해서 충분히 조사한 다음에 그것을 토대로 기사를 쓰는 과정까지 이어져. 가장 좋은 취재 방법이 무엇인지 정하는 것 또한 중요해. 이런 과정을 잘 이해하면서 주제를 잡기 바랄게.

편집 회의, 가장 진지하고 **중요한 모임**

편집 회의는 기삿감의 주제를 잡기 위한 회의야. 우선은 편집 회의를 위해 편집 회의 일지를 작성해. 자신이 준비한 기삿감이 선정될 수 있도록 성실히 일지를 작성하고 회의를 맞이하는 거야. 편집 회의는 기자들의 모임 중 가장 진지하고 중요한 모임이라는 점을 각인시킬 필요가 있어. 모의 편집 회의를 직접 해 보는 것이 신입 기자들에게 도움이 될 거야.

수습 교육을 할 때는 교육자가 편집 회의를 진행하면 돼. 각자 준비해 온 주제를 발표하고 칠판에 적어 두면 진행하기 편할 거야. 발표자는 주제에 대한 간략한 설명, 주제로 선정되어야 할 이유, 취재 방법 등을 설득력 있게 발표하면 모두 경청하겠지. 인터뷰를 한다면 적당한 인물이나 단체를 미리 알아두었다는 사실을 알리면 좋아. 설문 조사인 경우 대상도 미리 생각해 왔다고 설명하면 주제 선정에 도움이 되지. 기사 마감까지 몇 명이 한 팀이 되어야 하고 어떤 과정을 거치게 되는지 전체 흐름을 파악하고 있다는 사실까지 설명하면 준비한 주제로 선정될 수밖에 없지 않을까. 하지만 늘 그렇지는 않아. 실제로 선정된 주제로 취재를 해 보면 예상치 못한 돌발 상황이 벌어질 수 있거든.

한 명의 주제 발표가 끝나면 다른 기자들에게 더 알고 싶거나 궁금한 부분에 대해 질문할 시간을 주는 게 좋아. 주제로 선정하기에는 뭔가 아쉬운 면이 있을 수 있기 때문이야. 시간을 줘도 잘 몰라서 또는 눈치를 봐서 질문이 없을 수 있어. 질문이 없다면 교육자는 총평 같은 느낌으로 발표자에게 무엇이 준비가 더 되어야 하는지 말해주고 깨닫게 해 주는 것도 아주 중요해. '아, 저렇게 하는구나!' 하고 깨달음이 있는 순간에 교육 효과가 나타나니까. 발표자는 발표의 부족한 점이나 구체적이지 못한 부분에 대한 질문에 답변해야 해. 미처 준비하지 못해 답변이 궁색한 경우는 기삿감으로 선정되면 함께 보완해 보기로 하고 다음 발표자로 넘어가면 돼.

간혹 자기가 준비한 주제가 어떻게든 선정되게 하려고 다른 주제에 꼬투리를 잡는 일이 발생하기도 해. 감정이 다치지 않게 중재할 필요가 있어.

마지막 발표자의 주제까지 칠판에 적고 나면 최종 선택할 기사를 정할 시간이야. 발표자들의 설명을 듣고 추가 질문을 통해서 가장 알맞은 주제가 무엇인지 마음속으로 선택하고 있을 거야. 여러 이유로 호응을 얻지 못한 주제는 사라지게 되겠지. 주제가 두세 개 남을 때까지 줄이고 각자가 원하는 주제로 인원 배분을 하면 편집 회의는 끝나. 편집장 역할을 한 교육자는 인원이 한쪽으로 몰리지 않게 조절할 필요가 있어. 주제에 따라 적정 인원이 배치되면 팀원끼리 모여 편집 회의 일지에 일정을 짤 수 있도록 알려 주면 돼.

편집 회의를 할 때 친한 기자들끼리 한 주제를 하자며 의기투합하는 경우가 생기지 않도록 주의해야 해. 이런 일이 늘 발생하는데, 계속되면 기자들 사이에 묘한 분위기가 만들어지고 화합되지 못하는 문제가 발생할 수 있어.

꼭 혼자라도 기사로 쓰고 싶다는 경우가 있어. 팀으로 하기보다는 혼자 취재하고 기사를 쓰는 것이 더 나은 주제도 있을 수 있으니 말이야. 편집 회의에 참석하지 못해서 나중에 개인적으로 기사를 쓰기도 해. 편집 회의 참석 여부에 따라, 주제의 성격에 따라, 팀 단위로 진행할 수도 있고 개인적으로 진행할 수도 있어. 가능한 모든 기자가 취재하고 기사를 쓸 수 있어야 조직이 활성화될 거야.

이 책의 부록에 곰곰이 기자들이 활용하던 편집 회의 일지가 있어. 양식을 보면 어떻게 회의가 진행되었는지 감이 잡힐 거야. 편집 회의 전에 작성해야 할 부분은 토의 참가자와 토의 주제까지야. 나머지는 주제가 정해지고 난 다음에 작성하면 돼. 이 일지는 취재 일정과 역할 분담도 챙겨 기록할 수 있고 설문지나 인터뷰 질문을 적을 수 있는 별도 용지도 있어.

편집 회의를 마치고 이 일지 하나만 잘 들고 다니면 취재 계획에 차질이 생기지 않고 기사 마감을 지킬 수 있어. 더 부지런한 기자는 편집 회의 일지를 취재 수첩에 붙이거나 수첩에 일일이 적어 간편하게 들고 다니기도 해. 어떤 형식이건 자기에게 맞는 걸 선택하면 돼. 기자라고 다 이렇게 야무지지는 않아. 흘리고 잃어버리고…….

예전 일이 문득 떠올라 참고삼아 말해 줄 테니 들어 봐. 편집 회의를 하다 보니 곰곰이 기자들은 일종의 요령이 생겼어. 주제를 제대로 준비하지 못했거나 마땅한 주제가 떠오르지 않을 때, 친한 기자들끼리 함께 편집 회의 일지를 작성하더라고. 그리고 일지에 같은 내용을 써 놓고 이렇게 하기로 결정이 됐다는 식으로 밀고 나가는 거야. 내 눈에는 준비 안 돼서 우기는 모습이 보였지만, 그럴 수 있다고 넘어가 줬어. 그랬더니 같은 상황이 반복되었어. 막상 편집 회의를 해 보면 주제가 다양해야 하는데 이렇게 연합 작전을 쓰니 빈약해져 갔어. 자기들 딴엔 편한데 신문을 두고 봤을 땐 아닌 거야.

그래도 그냥 두고 보면서 몇 번을 넘어가다 보니 기자들 스스로 생각해도 아니다 싶었던 모양이야. 별 이슈 거리 없는 기사가 신문에 실리는 것을 보고 읽으며 깨달음이 있었던 건지 다시 원칙대로 되돌아가는 거야. 자기들 이름을 걸고 쓴 기사가 〈곰곰이 신문〉에 오르면 가족, 친구, 작가, 출판사, 수많은 회원과 독자들이 보고 어떻게 생각할지 돌아본 것 같아. 자숙하더니 더 발전된 모습을 보여 줬지. 일탈하고 싶은 마음이 기자들에게도 들 수 있어. 매주 만나서 기사를 위해 뭔가를 해야 한다는 사실이 쉽지 않거든. 사람이니까. 때로 기다려 줄 필요도 있는 듯해.

사진, 움직일 수 없는 증거

사진은 움직일 수 없는 증거야. 어떤 기사를 읽고 과연 그럴까 하고 의심하는 독자들도 사진이 있으면 과연 그렇구나 하며 사실로 받아들이는 경우가 많아. 사진은 기사의 신뢰성을 높이는 역할을 해. 예전에는 사진이 기사를 보조하는 역할을 했지만, 요즘 사진은 그 자체가 정보를 담고 있는 훌륭한 기사가 되기도 하지.

기자로 활동하다 보면 사진이 필요할 때가 있어. 그래서 수습 교육 시간에 사진 찍으러 밖으로 나가. 대부분은 스마트폰을 가지고 있으므로 찍기는 그다지 문제가 안 돼. 가능한 한 많이 찍어서 가장 잘된 사진을 골라 기사에 함께 실을 수 있거든. 다만 초상권 문제가 발생할 수 있으므로 조심해야 해.

사진 찍으러 나갈 때 무엇을 찍을 것인지 정하고 가는 게 좋아. 무심코 지나가는 주변 환경이 많은데 눈길 한 번 주지 않는 곳도 있고 흘깃 보며 지나가는 곳도 있어. 하지만 천천히 하나하나 들여다보면 많은 것들이 눈에 들어와. 멈추면 비로소 보이는 것들이 많아. 대개 찍을 대상은 환경을 훼손하고 오염시키는 물건이나 비상식적인 상황들이야. 실로 많은 것들을 목격하고 찍게 될 거야. 방치된 자전거, 놀이터의 위험한 놀이 기구, 각종 불법 광고물, 낙서, 쓰레기, 담배꽁초 등 이루 말할 수 없을 정도로 많은 것들이 있어.

신해운대역 도로 위험!

신해운대역 앞에는 당신이 모를 수도 있는 위험이 있다. 횡단보도에 신호
등은 있지만, 불이 켜지지 않아 교통사고가 날 확률이 높다. 신해운대역이
만들어진 지 얼마 되지도 않았는데 이렇게 관리가 부실한 건 잘못됐다.

≫ 곽기호(내황초등학교 5학년), 2019년 1월

수습 교육 중에 찍은 사진이야. 사진을 통해 문제를 알리는 고발 뉴
스라고나 할까? 뒤에 설명할 '포토 뉴스'와 같다고 보면 돼.

　　지금까지의 설명은 신입 기자 교육을 위한 설명이지만 실제 취재
를 나가면 상황이 달라질 수 있어. 사진 담당 기자를 미리 정해 두고
취재 가는데 인터뷰일 경우 한 방향으로만 사진을 찍는 경우가 발생
해. 막상 사진을 기사에 넣으려고 보면 모두 같은 각도에서 찍은 사
진뿐인 경우가 많거든.

　　다양한 각도에서 사진을 찍기 위해서는 취재 전 미리 사진을 찍

는다고 양해를 구하고 인터뷰 도중에 조용히 이동하면서 사진을 찍을 수 있어야 해. 약간 대범하고 뻔뻔한 기자가 하는 게 나을지도 몰라. 그래야 다양한 사진 가운데 가장 잘 나온 것을 골라서 기사와 함께 나갈 수 있으니까.

인터뷰 기사가 아닌 경우라도 취재 중 찍은 사진들 가운데 가장 잘 나온 사진을 한 장 선정하고 기사를 간단하게 쓰면 포토 뉴스가 돼. 사진에 대한 짧은 기사를 쓰는 것이지. 주의할 점은 육하원칙에 따라 간단한 글과 제목이 비교적 충실하게 들어가야 한다는 거야. 개인 사정으로 함께 취재를 가지 못하면 포토 뉴스로 기사를 대신하는 경우가 많아.

다음은 포토 뉴스인데, 어때? 사진과 글이 무엇을 전달하려 하는지 알겠니?

부산항 빛 축제

11월 17일 송도해수욕장에 빛 축제를 보러 갔다. 근처에 가니 노란색, 초록색, 분홍색, 파란색, 빨간색 등의 불빛들이 모여서 밝은 느낌을 주었다. 입구에는 우리나라 전통 기와집 대문 같은 모양의 조형물이 서 있었다. 모래사장에는 꽃 조형물과 나비, 조그만 여러 가지 불들을 모아 만든 하트 모양의 불빛 모형 등 다양한 빛 조형물이 있었다.

축제에는 대체로 가족과 연인이 구경하러 많이 온 듯했다. 한쪽에서는 소원 등불을 만들어서 날리는 행사도 하고 있었다. 빛 축제에서 가장 기억에 남는 것으로는 여러 색깔들로 반짝이는 궁전 조형물이었다. 멀리서 보니 크리스마스트리 같아 보이기도 했고, 화려한 집 같아 보이기도 했다. 또 옛날 공중전화 모형도 영화 속 같은 예쁜 느낌을 주었다. 생각했던 것보다 조형물이 작아서 좀 아쉬웠지만, 가족이나 친구와 가서 추억을 남길 수 있는 축제였다고 생각한다.

» 양세영(상당초등학교 6학년), 2013년 11월

머릿속에 그림이 그려지는 글을 쓰려면

청소년 기자가 되어 여기저기 다니며 취재하는 것은 즐거운 일이지만, 그렇지 않은 일도 있어. 그중 하나가 기사 쓰기야. 물론 기본적으로 글쓰기 기초가 되어 있는 신입 기자를 뽑지만 쓰는 것을 좋아하는 사람은 많지 않아. 하지만 초중고를 졸업하고 대학과 사회생활을 하는 동안 어떤 형태로든 수많은 글을 쓰게 돼. 싫건 좋건 쓸 일이 생기거든.

기사를 마감 시간 안에 써내야 한다는 자체가 적지 않은 스트레스인 점은 인정할 수밖에 없어. 세상에 좋은 일만 하고 살 수 없다는 사실을 잘 알고 있잖아? 싫어도 해야 하는 일들이 얼마나 많겠니? 힘든 일도 책임감을 가지고 해내는 사람이 있으니 사회가 유지되는 것처럼. 청소년 기자들은 기사를 씀으로써 동아리 신문이 계속 발행되지. 스스로 지원했고 선발되어 교육까지 받고 있으니 기사 쓰기를 운명처럼 받아들여야 하지 않을까?

청소년 기자들이 기사를 쓰는 스타일은 각양각색일 거야. 기사를 바로 쓰기 시작하는 기자도 있고, 한참을 생각하고 뜸을 들이다가 쓰는 기자도 있겠지. 갑자기 샤프를 수리하기 시작하거나 옆 친구는 어떻게 쓰나 힐끗 보기도 하면서 어떻게 기사를 시작하면 좋을지 고민하지.

글을 쓰기 전에 전체적인 구성을 잡아 놓고 써야 하고, 내용은 정확하고 구체적이라야 하며, 일관되게 써야 한다는 점은 교육을 통해 이론적으로 알고는 있어. 가장 중요하게 전달할 것이 무엇인지 명확하게 해 놓고 시작해야 중간에 흐름을 놓쳐 딴 곳으로 빠지지 않는다는 사실도 알고 있지. 그러기 위해서는 써야 할 주제의 개요와 내용이 머리에 다 들어 있어야 한다는 점도 알지만 쉽지 않아.

이슈가 되는 주제라면 도입부에서 연관 있는 뉴스나 사회 현상을 간단명료하게 짚어줄 필요가 있어. 기사를 쓰게 된 동기도 이어서 쓰면 되지. 육하원칙에 의해서 기사를 쓰면 정리되어 보이고 전달하려는 메시지도 명확해져.

기사의 도입부를 작성하고 나면 인터뷰 내용이나 설문 조사 결과를 알려 줘야 해. 답사나 연구한 자료가 내용일 수도 있어. 내용은 구체적인 사항을 자세히 써야 해. 기사의 중간중간에 기자의 생각이나 말하고 싶은 바를 최대한 객관적인 관점에서 표현되도록 신경 쓰면 좋겠어.

기사의 마무리에서는 주제를 다시 한 번 강조하거나 문제점에 대한 대책을 제안하고 독자들의 인식을 전환할 수 있는 메시지를 던지는 등의 형식을 취하면 돼. 독자의 마음에 남을 수 있도록 명쾌하고 힘 있는 문장으로 끝맺을 수 있도록 해 봐.

기사를 다 쓰고 난 다음에 제대로 적었는지 다시 확인하는 습관이 들면 더 좋겠지. 개인의 감정이나 주장·의견이 너무 강하게 들어간 것이 아닌지 점검해 봐. 혹시 기사의 내용에 누군가의 인권을 침해한 것이 아닌지, 명예를 손상하지 않았는지도 살펴봐야 해. 고유명사, 숫자, 이름, 나이, 시간, 장소 등에 오자가 없는지 확인하고 또 확인해야 하지. 교정하는 과정도 중요하거든.

기사를 쓰기 전에 독자들에게 무엇을 알려 줘야 하고 무슨 도움이나 영향을 줄 수 있는지, 전달해야 하는 메시지가 무엇인지 명확히 한 다음에 시작하면 좋겠어.

기사의 도입부는 주제에 따라 달라지겠지만 정지된 사진이 아니라 영화나 드라마의 한 장면이 떠오르듯이 쓸 수 있으면 시선을 끌 수 있어. 예를 들어 이런 기사는 어때? 곰곰이 기자가 쓴 기사의 도입부인데 뭔가 머릿속에 그려지는 장면이 있니?

'눈보라가 휘날리는 바람 찬 흥남부두에 목을 놓아 불러 봤다. 찾아를 봤다. 금순아, 어디를 가고 길을 잃고 헤매었더냐.'

영도 출신 가수 현인의 〈굳세어라 금순아〉라는 노래의 일부분이다. 영도다리에서 한국 전쟁 때 잃어버린 금순이를 찾는 노랫말이다. 노래처럼 많은 사람들은 한국전쟁 때 부산으로 피난을 오면서 가족, 친척을 잃어버려 많은 사람들이 알고 있는 영도다리에서 가족을 애타게 기다렸다. 가족을 언제쯤이면 만날 수 있을지 궁금해 하는 사람들이 많아서 영도다리 주변에는 점집이 빼곡하였다고 한다. 사람들은 점집으로 들어가서 '우리 엄마(아빠, 누나, 동생)는 언제쯤 만날 수 있을까요?' 하며 답답한 마음을 풀어 놓거나 애달픈 그리움을 달래어 보기도 하였다. 현재 그 자리는 '유라리 광장'으로 조성되어 있으며, 대부분의 점집은 사라지고 지금은 단 한 개의 점집만이 남아 있다. (…)

≫ 성예준(해송초등학교 6학년), 2019년 5월

기사의 제목이나 첫 문단을 읽어 보면 계속 읽을 건지 말 건지 결정되므로 관심과 호기심을 불러일으킬 수 있도록 쓰는 게 좋아. 첫 문장과 제목이 중요해. 문장은 어법에 맞아야 하고 논리적이면서도 생동감 있고 설득력 있게 써야 해. 쉬운 일은 아니야. 하지만 기사를 자꾸 쓰다 보면 늘게 되어 있으니 걱정 안 해도 돼. 직접 어딘가를 가서 보고 느낀 것을 기사로 쓰기 때문인 거야.

아래 기사는 기사의 제목과 취재 동기가 있는 도입부야. 시선을 사로잡아 읽어 보고 싶다는 생각이 들게 곰곰이 기자가 구성한 거야.

100주년 기념 부산 3·1운동의 발자취
독(홀로 독, 獨) 립(설 립, 立) 운(옮길 운, 運) 동(움직일 동, 動)
'민족의 독립을 위하여 힘쓰는 것'

3·1운동 100주년을 맞아 곰곰이 기자단에서는 부산 3·1운동의 발자취를 따라가 보았다. 박차정 의사의 생가, 3·1운동 기념탑 등을 둘러보며 많은 것들을 보고 듣게 되었다. (…)

≫ 박산휘(칠암초등학교 6학년), 2019년 3월

문장의 길이는 50자가 넘지 않는 것이 좋아. 가끔 문장이 너무 길어서 무슨 말을 하려는지 알 수 없을 때가 있거든. 긴 문장은 끊어서 여러 개로 구분하면 좋아. 하나의 문장에 하나의 개념, 하나의 사실이 들어간 글이 이해도 잘 되고 설득력도 있거든. 같은 주제로 기사를 써도 어떤 기자의 기사는 너무 쉽게 잘 읽히는데 다른 기자의 글은 머리에 잘 들어오지 않는 이유가 문장의 길이에서 오는 경우도 있어.

접속사는 가능한 한 쓰지 않는 것이 좋아. 접속사를 필요 이상으로 사용하면 기사 속의 많은 접속사 때문에 읽기가 불편해지거든. 청소년 기자들의 기사에서 접속사에 모두 표시하고 지워 보는 식으로 교육을 하면 어떨까? 실제로 접속사를 지워 보면 느낌이 올 거야. 무의식중에 접속사를 쓰지만 안 쓴 문장이 훨씬 자연스럽다는 사실을 인정할 수밖에 없을 테니까.

애매모호한 표현은 피하고 가능한 구체적으로 쓰는 게 좋아. 기사를 쓰면서 저지를 수 있는 오류 가운데 이런 것이 있어. 내가 알고 있으면 모두 다 알 거라는 생각이야. 다른 사람도 안다고 착각하고, 써야 할 내용을 생략하거나 줄여서 쓰는 경우가 있어. 하지만 내용을 전혀 모르는 사람이 읽으면 무슨 말을 하는지 알 수 없는 경우가 대부분이야. 모두 모른다 생각하고 구체적으로 써야 한다는 점을 명심해야 해. 단어는 정확하고 적절한 것을 골라 써야 하며 가능한 한 쉬운 단어를 쓰고, 같은 단어가 한 문장 안에 되풀이해서 나오지 않도록 주의해야 하지.

다음 기사는 돌고래 쇼를 관람하면서 떠오른 생각이 잘 표현되어 있어. 한번 읽어 볼까.

(…) 우리는 좁은 공간에서 쇼를 하는 돌고래를 볼 수 있다. 바다에 사는 돌고래들은 넓은 바다에서 하루에 몇 킬로미터씩 헤엄을 친다. 그런 돌고래가 계속 좁은 사육장 안에서 생활하니 바다에 있을 때만큼 헤엄도 못 치고 스트레스가 쌓일 것이다. 자신이 살던 넓은 곳에서 좁은 곳으로 온 돌고래들이 불쌍하게 느껴진다. 게다가 초음파는 멀리 가지 않고 금세 벽에 부딪혀 돌아오니 스트레스에 괴로움 또한 더해질 것이다. 이는 돌고래들에게 얼마나 힘든 생활일까? 우리는 재밌다고 쇼를 보고 즐기려고 돌고래를 가둬 놓지만 처지를 바꾸어 우리가 돌고래가 되었다면 과연 어떨까? 돌고래들은 자기의 눈물과 고됨으로 만들어진 자신의 재주를 그저 즐기기만 하는 사람들이 원망스러울 것이다. (…)

≫ 박지유(부흥초등학교 6학년), 2018년 8월

어때? 쇼 현장의 돌고래가 놓인 상황이 그려지는 듯하지 않니?

설문 조사, 잘못하면 '멘붕'*, 잘하면 자신감 용솟음

설문 조사 기사를 보면 무엇이 궁금해 조사했는지, 누구를 대상으로 했고 설문지에는 어떤 질문과 보기가 있는지, 결과는 어떻게 나왔고 어떤 평가를 했는지 한눈에 알 수 있어. 먼저 기사를 읽어 봐.

어린이들의 늪, 어린이 도박

학교에서 아이들이 카드놀이를 하거나 카드를 거래하는 것을 본 적이 있는가? 이런 카드는 아이들의 돈을 너무나도 쉽게 앗아 가고 있다. 아이들의 욕구가 돈을 낭비하는 사태를 불러들이는데, 어떤 아이들은 카드를 몇 만 원씩이나 사기도 한다. 하지만 아이들보다 더 잘못된 것은 거래자이다. 카드는 한 팩(카드가 5~8장 들어 있는 봉지)에 500원 정도 하는데 하나의 덱(카드가 몇 십 장 정도 모여 있는 뭉치)을 사기 위해서는 최대 20,000원까지도 쓰게 된다. 곰곰이 어린이 기자단은 아이들이 왜 카드게임 같은 어린이 도박을 하는지 알아보기 위해 설문 조사를 해 보았다.

먼저 설문 조사를 한 100명 중 어린이 도박이 무엇인지 아는 아이는 51퍼센트, 모르는 아이가 49퍼센트였다. 어린이 도박이 무엇인지 모르는 아이가 생각보다 많았다. 다음으로 어린이들이 어린이 도박이 무엇이라고 생각하는지 알아보았다. 45퍼센트의 어린이들이 어린이 도박을 돈을 걸고 하는 게임이라고 답했다. 돈을 써서 무언가를 뽑는 것이라고 대답했다. 어린이 도박을 경험해 보았는지 물어보았더니 60퍼센트가

---

* '멘탈(mental) 붕괴'를 줄여 이르는 말. '정신 빠지다', '정신 줄 놓다' 정도의 뜻.

해 보지 않았다고 하였다. 하지만 어린이 도박을 해 본 아이들도 생각보다 많았다.

어린이 도박에 대한 아이들의 생각을 물어보았다. 그랬더니 44퍼센트의 어린이들이 좋지 않다고 하였다. 도박을 하는 아이들도 어린이 도박이 좋지 않다는 것을 알고 있으니 대부분의 아이들이 좋지 않다고 생각했을 것으로 보인다.

어린이 도박을 해 본 아이들에게 어떻게 돈을 구했는지 물어보았다. 생각대로 24퍼센트라는 높은 수치의 아이들이 용돈을 썼다고 했다. 최대 얼마를 써 보았는지 물어보았더니 52퍼센트의 어린이들이 쓰지 않았다고 했고, 2000원 이하를 쓴 학생들이 다음으로 많았다.

원래 예정으로 설문 조사를 하고 나서 카드를 전문적으로 판매하는 곳에 가서 인터뷰를 해 보려고 했다. 하지만 관계자가 거부해서 하지 못했다. 안을 둘러보지는 못했지만 아마 아이들이 돈을 걸고 게임을 하거나 고가의 카드를 사는 곳이라고 생각된다.

작은 어린이 도박이라도 커지고 커지면 실제 도박이 될 수도 있다. '세 살 버릇이 여든까지 간다'는 말이 있다. 도박도 한번 빠지면 빠져나오기 힘들어서 희대의 도박꾼이 되지 않으려면 어릴 때부터 습관을 바로 잡아야 된다. 어린이 도박도 도박이니 최대한 하지 않도록 노력하자!

» 조현성(부흥초등학교 6학년), 2012년 4월

설문 조사를 잘 받으려면 보기를 주고 그 안에서 답을 할 수 있도록 해야 해. 바쁘게 지나가거나 다른 일을 하는 사람에게 불쑥 내밀 수도 있으니 가능한 시간을 많이 빼앗지 않도록 해야 응답을 잘해 줄 거야.

편집 회의에서 기사 주제를 정하면 취재 방법을 결정하는데, 그 중 하나가 설문 조사지. 신입 수습 교육에서 설문 조사 방법을 잘 익혀 두면 청소년 기자로 활동할 때 잘 활용할 수 있어. 그렇지만 교육 기간에는 원하는 이들끼리 팀을 짜는 것과는 다른 방식으로 팀을 구성해 주는 것이 좋아. 팀 구성원들을 바꿔줘서 누구와도 무리 없이 팀을 짜고 활동할 수 있도록 하기 위함이야. 특히 모든 활동을 단짝과 함께해야 한다는 사고방식에서 벗어나야 기자 활동이 자유로워. 단짝이라고 모든 기사를 함께하면 다른 기자들에게도 좋지 않은 영향을 줄 수 있으니 주의해야겠지. 수습 교육이니 팀을 구성할 때 그동안 함께 활동을 안 해 보거나 아직은 관계가 서먹한 신입 기자들끼리 묶어 주는 것이 좋아. 설문 조사를 하고 기사를 쓰면서 친해지거든. 누구와 해도 잘 해낼 수 있는 넉살이 생기기도 해.

설문 조사 교육은 주제에 따라 2~4명이 한 팀으로 진행하면 무리가 없어. 혼자 진행하는 경우도 있지만, 설문 조사라면 함께하는 것을 추천해. 설문 조사는 가능한 많은 사람들을 대상으로 조사할수록 정확한 데이터를 얻기 때문이야. 혼자서 다수를 대상으로 설문 조사를 하기에는 벅차거든.

수습 교육 시간에는 하나의 주제를 정해 놓고 설문 조사를 할 경우가 많으니 주제를 간명하게 칠판에 적어 놓고 함께 점검할 필요가 있어. 다음 점검 질문을 통해 가장 적합한 주제를 선정하는 거야.

- 주제를 정한 이유가 무엇인가?
- 알고 싶은 것이 무엇인가?

- 시기적절한 내용인가?
- 설문 조사를 할 때 문제점이 없겠는가?
- 설문 조사는 어떻게 할 것인가?
- 설문 조사 대상은 누구인가?
- 조사할 내용에 대해 얼마나 알고 있는가?

하나의 주제로 팀별 조사를 하는 경우가 있고, 팀별로 각각 다른 주제를 정해서 설문 조사를 할 수도 있어. 팀별로 다른 주제를 하면 생각지도 못한 상황이 발생할 수도 있어. 곰곰이에서도 적합하지 못한 주제를 선정해서 전면적으로 수정하거나 주제를 바꿔야 할 지경까지 간 적도 있었거든. 신입 기자들에게 다른 주제를 다시 선정하라고 하면 '멘붕'이 올 거야. 기자로 정식 활동을 시작하면 선배들이 있어 슬기롭게 대처해 나가는 방법을 보고 배울 수 있을 거야. 이미 겪어 봤기 때문이지. 하지만 교육 중에 다른 팀은 다음 단계로 나가는데 다시 다른 주제를 생각하라 하면 어찌해야 할지 몰라 아무것도 진행이 안 되는 경우도 발생해. 시간 제약으로 결국 포기하게 되는 상황을 맞이하는 경우도 종종 있어.

이때가 함께 가는 동료로서 세심한 배려가 필요할 시점이야. 처음 정해진 주제에서 약간 변화를 주어 새롭게 시작할 수 있도록 도와주는 거야. 다른 팀과 시간 차이가 벌어지지 않도록 그리고 자존심이 상하지 않도록. 때론 팀원 가운데 리더 격의 기자가 자기 고집으로 변경 없이 진행하겠다고 우기는 경우가 있기도 하지만 주위에서 잘 다독거려 같이 가야지. 그런 일이 생기지 않도록 사전에 설득해서 조절할 필요가 있어. 이 모든 내용을 실제 기자 활동에서 겪지 않도록 신입 교육 시간에 신경을 쓸 필요가 있어.

모든 팀의 주제가 정해지면 팀별로 각자 편집 회의 일지를 작성하면서 설문 조사 질문도 만들어. 질문을 만들 때는 각자 만든 질문을 모아 놓고 가장 괜찮은 질문을 추려내는 것이 효과적이야. 주제에 맞게 알고자 하는 질문이 다 들어가야 하며 5~7개 정도가 적당하지.

설문 조사를 잘 하려면 조사에 응하는 사람이 불편하지 않도록 보기를 만들어 주면 좋아. 범위나 기간이 보기일 때 구간이 누락되지 않도록 신경 써야 해. 보기에는 '기타'를 넣어야 해. 그리고 무슨 이유에서 '기타'를 선택했는지 적을 수 있도록 해 두면 제대로 질문지를 만들었는지 평가해 볼 수 있어. 이렇게 하면 이유를 알 수 있어서 기사 쓰기에 도움이 돼. 예를 들면 이런 거야.

하루에 스마트폰을 얼마나 보나요?

① 안 본다 ② 1시간 이내 ③ 2시간 이내 ④ 2시간 이상 ⑤ 기타( )

보기는 너무 많지 않아야 하며 설문에 응한 사람이 기타를 많이 선택했다면 보기가 적절하지 않았음을 알 수 있어. 설문 조사 질문과 보기를 완성한 팀은 설문 조사를 출력하고 복사해서 인원에 맞게 나누면 준비 완료.

예전에 곰곰이 기자들이 설문지 500장을 준비해 사람이 많이 붐비는 곳에서 조사한 적이 있었거든. 그런데 설문지를 든 기자만 가고 나머지는 이런저런 이유로 나타나지 않은 거야. 설문 조사 하기로 한 곳이 가까운 곳이라 각자 모이기로 약속했는데 말이야. 나라면 어떻게 했을까? 놀라운 것은 설문지 500장을 혼자서 다 받았어! 〈곰곰이 신문〉 역사상 전무후무한 기록이지.

설문 조사를 밖에서 하는 건 쉽지 않아. 신입 교육 시간에는 누구나 설문 용지를 들고 밖에 나가서 직접 받아오도록 실습을 해. 시간대별로 지역을 구분해 설문 조사를 시켜 봐. 기자에 따라 도전 의식을 높이는 기회가 되기도 할 거야. 교육자는 설문 조사를 해오라고 시켜 놓고 어떻게 하는지 밖으로 나가 지켜보는 게 좋아. 바쁘게 지나가는 사람을 붙들고 설문 용지를 건네며 부탁하기는 어려워. 그럴 때 용기를 불어넣어 주면 힘을 얻거든. 청소년 기자 활동을 하면서 몇 번이나 설문 조사를 할지 알 수 없으나 수습 교육 중에 꼭 한 번은 할 필요가 있어. 기자 활동 중에 청소년을 대상으로 설문 조사를 한다면 학교에 들고 가서 친구들에게 받는 것이 좋아.

일단 나가서 바쁘게 지나가는 사람들에게 설문 조사를 부탁했다가 거절당하면 무안하고 자존심도 상하고 좌절하게 될 거야. 그러나 포기하지 않고 하다 보면 설문에 응해 주는 사람은 나타나기 마련이거든. 한 번만 성공하면 자신감이 용솟음쳐. 어렵게 설문 조사를 하고 돌아온 신입 기자들은 성취감에 취해 마치 무용담처럼 말하느라 정신이 없을 지경이야. 자신감이 없던 기자들도 함께 참여했다는 동지애 같은 마음으로 더욱 뭉치게 되는 효과도 있어.

설문 조사를 하고 나면 곧바로 통계 작업이 기다리고 있어. 그러기 위해 우선 문항별로 응답 결과를 일일이 구분해서 수치를 적어야 해. 기사에 필요한 데이터를 얻기 위해 남녀 구분도 하고 연령별, 학년별로 구분할 때도 있어. 구분한 수치가 나와야 통계 계산이 가능해. 문항별로 구한 통계치를 더하면 100퍼센트가 나와야 하는데 아닌 적이 많아. 집중력이 떨어진 결과지. 제시간 안에 못해서 팀원 중 누군가 집까지 들고 가서 계산을 해오는 일이 없도록 조심해야 할 거야.

설문 조사 마무리 단계는 조사 통계치를 가지고 기사를 쓰는 거야. 설문 조사를 통한 기사 쓰기는 조사 결과 그래프만으로 기사를 대체할 수도 있어. 아니면 기본 기사와 중요한 결과에 대한 그래프 1~2개로 구성될 때도 있어. 그래프의 유무는 편집에서 할 몫이므로 신입 교육 중에는 문장으로 풀어서 쓰라고 권하고 싶어.

신입이 작성한 기사를 제출하면 편집장이나 담당 교사가 읽어 봐야지. 부족한 내용, 맞춤법, 논리적인 전개, 부적절한 표현 등이 있으면 수정해서 마감. 이렇게 설문 조사 기사는 마무리가 되는 거야.

신입 교육을 받고 청소년 기자가 되어 처음 편집 회의를 하면 교육 때와는 사뭇 다른 분위기에 긴장될 거야. 주로 선배들이 진행하는 과정을 지켜보는 게 다일 수 있어. 함께 취재하면서 맡은 역할을 열심히 하는 게 잘하는 거야. 또 선배가 되기 전에 기사를 주도적으로 쓸 기회가 많지 않을 수 있어. 기사 쓸 때가 되면 선배들의 글에 주눅 들기도 하겠지만 보고 배우는 것이 있으니 자연스럽게 성장할 거야.

기사 쓰는 방법을 바꿔 개인별로 기사를 작성하는 것도 괜찮을 수 있어. 팀으로 쓰면 선배가 기사를 주도하니 후배에게는 적극적으로 나설 기회가 주어지지 않는다는 문제가 생기기 때문이야. 늘 기사 쓰는 기자는 정해져 있는 느낌이라 더 잘 쓸 수 있는 역량이 있어도 기사 쓰는 데 소외되는 일이 없도록 하는 것이 중요하거든. 그 래서 기사를 모두 써서 가장 잘 된 기사를 쓴 기자의 이름을 단독으로 올리고 함께 취재한 기자들은 공동 취재 기자로 이름을 올리는 방안도 생각해 볼만 하다고 봐. 자기 이름을 올리기 위해 모두 노력하니 전체적인 글쓰기 능력이 올라갈 수 있어.

한편, 인터넷으로 활동하는 신문 동아리 기자들의 기사를 보면 독자적으로 소신에 따라 썼다는 생각이 들어. 선배나 동료들이 있으면 여러 도움을 받을 수 있지만, 우선은 자신이 보고 듣고 느낀 그대로를 쓰는 거야. 도움은 그다음이거든. 혼자건 팀이건 자기 주관대로 글을 쓴다는 사실이 중요하다고 생각해. 또 지속적으로 기사를 쓴 경험이 성장의 자양분이 된다는 사실을 생각하면서 힘들더라도 계속해 주길 바라.

인터뷰, 꼼꼼하게 준비해야 쓴맛을 보지 않아

취재 방법이 인터뷰가 되면 설문 조사 때와 마찬가지로 팀을 구성하고 편집 회의 일지를 작성하면서 취재 계획을 세워. 인터뷰한다는 것은 기사의 주제에 대해 설명을 가장 잘해 줄 수 있는 전문가를 찾아가서 궁금한 점들을 물어본다는 거야. 기자는 그 내용을 정리해 독자들에게 알려 주고. 거리나 특정 장소에서 간단하고도 돌발적으로 인터뷰하는 경우도 있어. 그렇지만 전문적인 지식이 있거나 이슈가 있는 누군가를 만나서 물어보는 것이 일반적이야. 그런데 인터뷰한다는 것이 생각만큼 만만하지가 않아. 신입 교육에서는 정해진 주제를 가장 잘 설명해 줄 수 있는 대상을 찾아 약속을 잡고 방문해 질문하면서 궁금한 것을 알아내는 과정을 배워.

예전 수습 교육 때 예상 못한 상황이 일어난 적이 있어. 인터뷰할 대상을 정해 놓고 주제를 정하지 뭐야? 궁금한 것을 전문가에게 물어봐야 하는데, 누군가를 정해 놓고 거기에 맞게 궁금한 것을 준비하는 것은 잘못된 인터뷰잖아. 이건 주객이 전도된 거야. 교육할 때에는 원칙대로 배우고 익히면서 이력이 붙으면 융통성을 발휘하는 것이지, 처음부터 요령만 피우려 들면 곤란해. 우선 주제를 정하고 누구를 찾아가느냐에 대한 논의와 고민을 충분히 해야 해. 주제가 정해지면 가까운 곳에서 쉽고 간단하게 인터뷰할 수 있는 곳을 찾아보는 것이 좋아.

주제를 정하고 나면 의외의 상황이 벌어지기도 해. 멀리 가야 한다든지 너무 비중 있는 인물이 인터뷰 대상이 되면 신입 교육 중에 심적 부담이 클 수가 있거든. 그래서 교육 차원의 실습이 될 수 있도록 신경 써야 해. 초기 인터뷰 대상은 주변에서 손쉽게 접근할 수 있어야 무리가 없어.

기사의 주제를 정하고 관련 주제에 관해 가장 잘 아는 전문가와 인터뷰하기 위해서는 우선 가능성을 따져 봐야 해. 거절당하는 경우가 자주 발생하기 때문이야. 그러므로 인터뷰가 가능한 여러 인물의 연락처를 확인하여 우선순위를 정해 두면 도움이 돼. 첫 인터뷰 섭외가 안 되면 차선책을 선택해야 하기 때문이지. 섭외 과정에서 거절당하는 경우가 많다는 사실을 고려하면서 편집 회의 일지를 작성해야 할 거야. 마지막으로 인터뷰 질문을 만들면 일단은 준비 끝.

인터뷰는 친구나 아는 사람이 아니라 태어나서 한 번도 본 적 없는 사람에게 전화해서 만날 약속을 정하는 거잖아! 그래서 교육이 필요해. 장난 전화라는 생각이 들면 인터뷰를 거절당할 수 있으며, 한 번 거절당하면 다시 성공시키기 어려워. 섭외하기 전에 주의할 점을 잘 알고 해야 성공 가능성을 높일 수 있어. 주의할 점은 다음과 같아.

- 자신이 누구임을 밝힌다.
- 용건을 자신 있고 당당하게 말한다.
- 도중에 더듬거리거나 웃지 않고 예의 바르게 말한다.
- 상대방의 갑작스러운 질문에 당황하지 말고 침착하게 말한다.
- 다른 사람으로 바꿔 줘도 처음부터 다시 설명해야 한다.
- 인터뷰할 사람의 이름을 알아야 한다.
- 만날 날짜, 시간, 장소 등을 조정한다.
- 통화 후에는 반드시 인사를 한다.

질문은 누구나 알 만한 내용보다는 깊이 있고 구체적인 답변을 들을 수 있게 준비하는 것이 좋아. 길게 질문하고 짧은 답변을 받기보다는, 짧은 질문에 긴 답변을 들을 수 있도록 준비할 필요가 있어.

인터뷰에 응한다고 해도 일정이 조정이 안 되는 경우도 발생해. 그럴 때는 전화 인터뷰나 이메일로 질문과 답변을 주고받는 방법이 있어. 실제로 일정 조정이 힘들어서 이메일을 이용해 인터뷰 답변을 받아 기사를 쓴 적이 있어. 지금처럼 코로나19 팬데믹(2020~2021년)이 지속되면 비대면 방식의 인터뷰가 안전하고 편리해서 더 늘어날 것 같아.

아무래도 청소년이다 보니 전화 중 예의 없는 말 때문에 곤란한 상황이 생기기도 하더라고. 청소년의 말투가 거슬리는데다가 장난 전화라고 판단하고 끊어 버리는 거야. 인터뷰 대상자가 직접 전화를 못 받는 경우 전화를 계속 다른 사람에게 돌려서 다시 소개하고 설명해야 해야 하는 애로 사항도 참아야 하지. 전화하면 인터뷰 대상자가 꼭 받는다는 생각은 버려야 해. 최소한 전화한 용건을 제대로 전달할 수 있고 갑작스런 질문에 말문이 막히는 일이 없도록 교육이 필요한 거야.

일반적으로 섭외 전화를 걸면 되돌아오는 말이 있어. "담당자가 없으니 다시 전화해." "인터뷰할 시간 없다."

기자들은 좋은 반응을 기대하고 준비하겠지만 현실은 그렇지 않거든. 예상치 못한 질문에 당황해서 더듬거리거나 대답을 바로 못 한다고 친절하게 기다려 주지 않는다는 사실을 절감하게 돼. 약간 세상의 쓴맛을 보는 거야. 그래서 설문 조사보다 낫다고 생각할 수만은 없어.

섭외가 성공했을 때 놓쳐선 안 되는 것이 있어. 인터뷰할 담당자의 이름과 전화번호, 약속 일시와 장소를 확실하게 알아야 해. 인터뷰를 승낙했다며 좋아하고 정작 중요한 것을 확인 안 하고 끊어 버리는 황당한 경우가 있었거든. 인터뷰하러 갈 때 이미 발행된 신문을 한 부 가져가면 도움이 돼. 인터뷰 내용이 실린 신문이 나오면 인터뷰한 사람에게 신문을 보내 주는 것으로 마무리해야 하고.

인터뷰 기사를 일반적으로 선호하기는 하지만 주저하게 되는 요인이 있어. 섭외해서 약속을 잡아야 하는 것, 인터뷰할 때 역할 분담을 하는 것 때문이야. 섭외는 서로 안 하려 하거나 질문을 하지 않고 받아 적기만 하고 싶다고 옥신각신하니 그래. 인터뷰를 직접 하지 못하고 이메일로 주고받은 적도 있었고, 인터뷰하러 가서 질문을 자연스럽게 하지 못해서 안타까운 적도 많았어. 예를 들어, 먼저 한 질문의 대답 가운데 다음 질문의 대답이 포함되어 있어서 안 해도 되는 질문인데 다시 하는 실수 같은 거야. 긴장하다 보니 잘 못 듣게 되어 비롯된 실수라고 생각해. 역할 분담을 제대로 안 한 점도 있어. 인터뷰하기 전에 질문을 미리 알려주고 준비할 시간을 주면 인터뷰 내용이 알차지지만 준비가 안 된 상태로 인터뷰를 하면 아무래도 부실하기 마련이야. 이메일 인터뷰는 비대면 상태에서 하기에 현장감과 공감력은 떨어지나 질문에 대한 대답은 충실한 편이지.

편집 회의를 하면서 주제를 정할 때 취재 방법이 늘 한 가지만으로 정해지지는 않아. 인터뷰와 설문 조사를 함께 진행하기도 하고 인터뷰를 세분화해서 다양한 의견을 듣고 기사로 정리하기도 하거든. 좌담회를 할 수도 있어. 인터뷰하러 가서 직접 체험을 하거나 실험도 가능하지.

다음 기사는 2007년 아프가니스탄에서 한국인 피랍 사태*가 발생하면서 이슬람과 무슬림(이슬람교도)에 대한 인식이 좋지 못했던 시기에 이슬람 성원을 찾아가 인터뷰한 기사야. 한국인 지회장을 만나 우리가 몰랐던 이슬람교와 예배 전 행동에 대해 들었어. 인터뷰는 예배를 올리는 2층 강당에서 했는데 교회나 성당과는 다른 분

---

* 2007년 7월 19일 아프가니스탄에 기독교 선교 활동을 하러 간 한국인 23명이 이슬람 근본주의자인 탈레반의 무장 세력에 납치된 사건. 억류 도중 2명이 살해당했고, 한국 정부는 아프가니스탄 파병 부대의 철수 계획을 발표했다. 나머지 21명은 순차적으로 풀려나 8월 30일에 인질 사건이 끝났다.

위기였지. 인터뷰를 통해 '다름'은 틀림이 아니라 인정과 이해가 필요하다는 점을 알게 되었어.

이슬람, 순수한 종교

'알라(하느님)는 조화로 모든 것을 창조하였으니, 알라(하느님)의 명령은 한마디의 말로서 눈을 깜박하는 것과 같으니라.'

　이 구절은 이슬람의 경전 《꾸란》의 한 구절이다. 아프가니스탄 한국인 피랍 사태로 인해서 이슬람이란 종교에 관심이 쏠리고 있다. 무장 단체인 탈레반이 이슬람교를 믿고 있기 때문이다. 이로 인해 이슬람교를 믿지 않는 많은 사람들이 나쁜 감정을 가지게 되었다. 이슬람교를 바로 알기 위해서 부산시 금정구 남산동에 자리 잡고 있는 부산 이슬람 성원 이종억 지회장과 인터뷰를 하였다.

기　자┃이슬람교의 기원은 무엇이고 우리나라에는 언제 들어오게 되었습니까?

지회장┃이슬람교는 세상이 시작될 때부터 알라를 중심으로 이루어졌습니다. 우리나라에는 신라 시대부터 들어왔으며, 한국 전쟁 때 터키 군을 시작으로 중동 지역에 일을 나간 한국인들에 의하여 본격적으로 전파되었습니다.

기　자┃이슬람교도들의 의무에는 무엇이 있고 이슬람교의 경전 《꾸란》에는 어떤 내용이 담겨 있습니까?

지회장┃이슬람교도들인 무슬림은 여섯 가지 믿음과 다섯 가지 실천 사항을 지켜야 합니다. 여섯 가지 믿음에는 알라를 믿는 것, 모든 경전을 믿는 것, 사도들을 믿는 것, 천사의 존재를 믿는 것, 죽은 후의 최후

심판일을 믿는 것, 신의 계시를 믿는 것이 있습니다. 실천 사항에는 신앙 고백(알라 외엔 신이 없다), 예배(하루 다섯 번), 헌금 내기, 라마단에서 단식, 성지 순례(메카에 일생 1번 이상) 등이 있습니다. 그리고 《꾸란》에는 신의 속성과 존재, 지켜야 할 법, 신을 섬기는 법 등이 담겨 있습니다.

기 자 ┃이슬람교도들은 돼지고기를 먹지 않는다고 하는데 이유가 무엇입니까?

지회장 ┃세상 모든 만물은 몸에 들어와 하는 일이 있습니다. 그러나 돼지는 온갖 더러운 것들을 먹기 때문에 몸에 좋지 않은 병균이 있습니다. 불에 태워도 없어지지 않는 병균이 있기 때문에 먹지 않습니다.

기 자 ┃라마단은 왜 하는 것이고 그 기간 동안 무엇을 합니까?

지회장 ┃라마단 기간에는 해 뜰 때부터 질 때까지 단식을 하면서 가난한 사람의 심정을 이해하게 되면 도울 수 있는 마음이 생깁니다. 또 알라를 생각하는 시간을 갖게 됩니다.

기 자 ┃이슬람교도의 전통 복장은 무엇입니까?

지회장 ┃여자인 경우는 자신을 보호하기 위해서 얼굴과 손을 제외한 부분은 히잡으로 가립니다. 남자의 경우는 활동하기 편한 복장을 하면 됩니다.

기 자 ┃이슬람 성전 내에는 불교의 불상 같은 상징물이 없는 이유는 무엇이고 절은 어느 쪽으로 합니까?

지회장 ┃우리나라를 기준으로 서북서 285도에 있는 사우디아라비아 메카 쪽을 향해 절을 합니다. 또 유일신은 볼 수 없고 단 하나뿐이므로 감히 동상 같은 것을 세울 수가 없기 때문에 상징물이 없습니다.

기 자 ┃이슬람 성전이 부산에 세워졌을 때 우리나라 사람들이 믿었습니까?

지회장 | 이슬람 성전이 부산에 세워진 지 20~30년이 지났으나 무슬림 중 약 99퍼센트가 서아시아에서 온 외국인 노동자입니다. 한국인 무슬림은 많지 않은데 약 3만 5천 명 정도 됩니다.

기　자 | 지회장님은 한국인인데 왜 무슬림이 되었습니까?

지회장 | 이슬람이 올바른 길로 이끌어 준다는 확신이 있었기 때문에 무슬림이 되었습니다.

기　자 | 우리나라에는 이슬람 성원이 몇 개나 있고 외국인 노동자들은 이곳에서 무엇을 합니까?

지회장 | 현재 8개가 있고 공장 근처에 있는 임시 예배소는 30~40개 정도 있습니다. 외국인 노동자들에게 성원은 일종의 쉼터이자 교민 회관의 역할을 합니다.

마지막으로 지회장은 우리가 어디에서 태어나고, 이 세상을 어떻게 살아가야 하는가, 죽고 나면 어떻게 될까라는 것들을 가끔 생각해 보면 좋겠다고 말했다. "아살라 말레이꿈(안녕하세요?)" "알레이꿈 살람(안녕하세요.)"

》 이지수(신곡초등학교 6학년), 2007년 10월

교정과 **제목 달기**, '⋯에 대하여'는 **정말 아니지**

청소년 기자들이 기사를 쓸 때 조심할 것은 띄어쓰기와 맞춤법이야. 많이 틀리거든. 그중에서도 띄어쓰기가 많아. 참 고쳐지지 않고 늘 안 되는 부분이야. 거기에 글씨까지 엉망이면 무슨 말을 적었는지 알 수 없어. 신문 동아리에서 기사는 이메일로 주고받으며 교정을 하고, 편집장이나 부편집장이 교정 교열을 비롯해 전체 편집을 책임지고 인쇄에 들어가기 전에 다시 최종 교정을 보면 될 거야. 기사를 인터넷에 올리기만 할 경우에는 교정보기가 용이할 수 있어.

곰곰이에서는 기자들이 최소한의 띄어쓰기와 맞춤법을 익히도록 틀린 곳이 많은 글을 주고 직접 수정해 보라고 하는 방법을 이용해. 띄어쓰기와 맞춤법을 틀리게 적어 놓거나 잘못된 표현과 부자연스러운 문장 등으로 바꿔 놓은 곳을 바르게 고쳐 보라는 거지. 모두 몇 개가 틀렸다고 알려 주면 다 찾아 수정하지만 안 알려 주면 완전히 찾기는 어렵거든. 남이 잘못 쓴 글을 수정해 보면서 자신을 돌아보고 느끼게 하려는 의도야. 한 차례 교육으로는 부족해. 계속 지적하고 수정하고 반복해야 효과가 있어.

일반적으로 많이 틀리는 것들이 있어. 띄어쓰기에서 가장 많이 틀리는 것이 '…할 수 있다' '…할(일) 때' 등을 붙여 쓰는 경우야. 맞춤법에서는 '되다'라 써야 할 것을 '돼다'로 잘못 쓰거나 '됐다'라 써야 할 것을 '됬다'로 잘못 쓰는 경우도 많지. 예를 들어, '알게 되었다'라 써야 할 것을 '알게 돼었다'로 잘못 쓰는 거야. '잘못됬다'로 잘못 쓰기도 하고. '잘못됐다'라 써야 하지. 심지어는 소리 나는 대로 쓰기도 해. 기자들도 띄어쓰기와 맞춤법을 틀리지 않으려고 하는데 스마트폰에서 맞춤법 검사를 활용하면 도움이 될 거야. 나도 직접 찾아보거든. 그리고 글을 쓸 때 가급적 원고지에 쓰도록 하는 것이 좋아. 그러면 좀 더 띄어쓰기와 맞춤법에 신경을 쓰거든. 전체적으로 보면 맞춤법보다는 띄어쓰기가 더 많이 틀리는 편이야.

대학생들이 졸업반이 되어서 맞춤법과 띄어쓰기 공부를 한다는 기사를 봤어. 우리 사회에 널리 퍼진 줄임말과 약자, 은어 등을 마구 사용하다 보니 표준말을 잊어버렸다는 거야. 그래서 입사 지원서를 작성할 때 평소 쓰던 잘못된 말들이 자연스럽게 들어가. 결과는 불합격. 어릴 때부터 띄어쓰기와 맞춤법에 신경 쓰지 않은 결과라고 생각해. 습관은 무서운 거거든. 어릴 때 바로잡아 주면 습관이 되어서 제대로 쓰게 돼.

기사를 쓰는 것뿐만 아니라 기사의 제목도 만들어야지. 제목 달기도 쉽지 않아. 제목 다는 것이 귀찮거나 어렵다고 해서 '…에 대하여'라든지 '…를 다녀와서' 같은 제목은 정말 아니야. 적당한 제목이 떠오르지 않는다며 기사는 한 줄도 못 적고 시간만 보내는 기자가 간혹 있어. 그런 경우에는 우선 기사를 쓰고 마지막에 제목을 달면 된다고 말해 줘.

기사를 보면 가장 눈에 들어오는 것이 제목이야. 제목이 관심을 끌지 못하면 기사 읽기까지 연결이 안 돼. 기사의 성격과 어울리지 않거나 평범하면 수정하는 것이 나을 거야. 기사의 얼굴은 제목이야. 제목은 기사의 성격을 규정하며 기사의 내용을 함축하기 때문이야. 제목을 보면 기사가 어떤 내용인지 감을 잡을 수 있어. 제목은 쉽고 정확한 문장이나 문구로 이루어져 읽는 이에게 전달되어야 하지. 또 제목은 읽는 이에게 흥미를 끌어 읽고 싶도록 만드는 게 기본이야. 재치 있고 재미도 있으면 낫겠지.

그래서 신입 교육 시간에 제목 달기 교육이 필요해. 제목 만들기 교육을 위해 선배 기자들이 쓴 기사나 아이들이 쓴 주장 글쓰기를 이용하는 편이야. 다음 글에 어울리는 제목을 지어 봐.

전 세계의 모든 나라들은 각 나라의 특징과 문화를 가지고 있다. 여러 나라의 특징과 문화를 알기 위해서는 그 나라의 민속 악기에 대해서 알아보는 것도 좋은 방법이다. '아는 만큼 보인다'라는 말처럼, 세계의 악기를 알면 세계의 문화가 보인다. 이렇게 세계의 문화를 알 수 있는 민속 악기를 전시해 놓은 곳이 용두산 공원에 위치한 '세계민속악기박물관'이다.

'세계민속악기박물관'은 말 그대로 세계의 민속 악기를 전시해 놓고 악기를 직접 체험해 보고 연주해 볼 수 있는 박물관이다. 2007년 11월 3일에 개관한 사립 박물관이고 500여 점 정도의 악기가 있다. 박물관장이신 강호순 관장님께서 기자단을 친절히 반겨 주시고 박물관 구석구석을 돌아다니며 악기에 대해 설명해 주셨다. 박물관에 들어가자마자 입구에 놓여 있는 '마림바'는 실로폰처럼 생긴 에콰도르의 악기로 에콰도르 해군 제독이 직접 기증한 악기다.

아이들이 좋아하는 그리스 신화의 열두 신 중 태양의 신이자 예언의 신인 아폴론이 연주한 '리라'라는 악기도 있었다. 악기가 혀 모양을 닮았다고 해서 이름 붙여진 '텅드럼'은 채의 끝에 동그란 공 같은 게 달려 있어서 채로 치면 통통 튀는 듯한 소리가 난다. 서양의 바이올린을 닮은 흑해 지역의 활현악기 '케멘체'와 그림책 《수호의 하얀 말》에 나오는 몽골 악기 '마두금' 등 아이들이 책에서 보았거나 어디선가 한 번쯤 들어봤을 법한 악기가 많았다. '까스 따뉴엘라스'는 안달루시아에서 춤을 출 때 사용하던 악기로 위와 아래의 굵기가 달라 부딪혀서 소리를 내는 악기다. 이 악기는 우리가 흔히 사용하는 '케스터네츠'의 유래다. 그러나 우리나라로 전해질 때 잘못 받아들여져 위, 아래 굵기가 같은 단순한 리듬 악기 '케스터네츠'가 되었다. 이처럼 악기의 유래를 알 수도 있었고,

엄마의 심장 소리를 닮은 '둠', 빗소리를 닮은 '레인스틱' 등 사물에서 나는 소리와 유사한 소리를 내는 악기도 볼 수 있었다.

이렇듯 2층이 다양한 악기를 볼 수 있는 공간이라면 3층은 다양한 악기를 연주할 수 있는 공간이다. 3층에는 젬베, 장구 등 여러 가지 악기가 체험할 수 있도록 되어 있었다. 가수들의 음악에만 관심을 쏟지 말고 한 번쯤은 여러 나라의 민속 악기에 대하여 관심을 가져 보자.

≫ 박지민(상당초등학교 6학년), 2012년 4월

제목 :

이제
본격적인 활동이야

이제부터 시작이다!

신입 교육을 마치면 기자로 당당히 활동할 수 있도록 기념 모임을 하는 것도 의미가 있지 않을까? 선배 기자들을 비롯한 담당 지도 교사와 교내외 인사들의 격려 속에 기자증을 비롯한 취재 활동에 도움이 되는 물품을 받으면 소속감과 책임감을 가지게 될 것 같아. 물론, 이런 행사는 옵션일 뿐이야. 부끄럽고 오글거리면 생략해도 무관해. 하지만 이런 행사도 정착시키면 전통으로 이어진다고 봐.

이제 기자의 본분에 맞는 활동을 해야지. 청소년 기자로서 처음 맞이하는 편집 회의가 기다리고 있어. 교육이 아니고 실전이야. 배운 대로 편집 회의를 하기 위한 기삿감 준비와 발표는 사실 겁도 나고 약간의 스트레스도 있겠지. 편집 회의에 첫발을 내디딘 신입 기자들은 긴장한 모습으로 한쪽으로 몰려 앉아 선배들의 행동을 바라보고 있을 거야. 여유 있어 보이는 선배도 예전에 다 그랬기에 신입 기자들의 심정을 이해할 거고. 불편하지 않게 편집장을 비롯한 선배들이 신경을 써야 할 부분이야.

편집장은 편집 회의를 시작해. 아마 신입 기자들이 준비를 훨씬 꼼꼼하게 할 거야. 선배들에게 첫인상을 좋게 심어 주고자 신경을 많이 쓰거든. 편집장의 진행에 따라 기삿감 발표와 질문이 이어질 거야. 자신이 준비한 기삿감이 선정될 수 있도록 설명과 보충 설명이 이어지고. 예외 없이 신입 기자들도 상기된 얼굴로 발표를 할 거야. 그리고 최종 주제가 정해지면 신입 기자들은 주제별로 팀 구분을 할 때 동기가 한 명이라도 함께하기를 맘속으로 기도하겠지. 선배들 틈바구니에 혼자 남으면 여러 감정을 느끼게 될 거야. 그래도 뭐… 그러면서 성장하는 거지!

 기사 마감을 위한 한 주 한 주가 바쁘게 돌아가. 정신 차리고 챙기지 않으면, 전체 일정에 구멍이 나게 되고 기사 마감을 지키지 못하는 쓴맛을 보게 될 거야. 이 같은 일은 누구에게나 일어날 수 있지만, 신입 기자 입장에서 보면 긴장은 되지만 한편으론 여유가 있어. 전체 과정을 선배들이 이끌고 팀원이 하나로 뭉쳐 진행하면 신입은 따라가기만 하면 되기 때문이야. 교육 때 배운 내용이 어떻게 진행되는지 보면서 알아 나가는 과정이라고 보면 돼. 6개월 이내 기자로서의 활동은 익숙해지고 선후배 관계도 자연스러워지지. 이때부터는 큰 걱정할 필요가 없어.

 기사 마감 때가 되면 또 다른 상황이야. 청소년 기자에게는 피할수 없는 불편한 진실, 바로 기사 쓰기! 기사를 쓸 때가 되면 모두 신경이 예민해져. 마감하고 나면 홀가분한데 그렇지 못할 경우 심적 부담이 가중되기 때문이지. 모두 기사를 잘 써서 신문에 이름을 올려야 한다는 생각에 조급해지기도 할 거고. 자기 이름과 자존심을 걸고 쓰는 것인 만큼 누구보다도 잘해야 한다는 책임감이 엿보이기도 할 거야. 기사 쓸 수 있는 자료를 모두 공유하지만 개인마다 역량의 차이는 있어. 그 차이를 좁혀 주는 것이 교육자 또는 편집장의 과제야. 늘 잘 쓰는 기자들 기사만 올라갈 수는 없잖아? 역량이 좀 떨어지지만 끌어올려 신문에 자기 이름으로 기사가 나오게 해야지. 그러면 자신감이 생겨서 더욱 열심히 하게 되니까.

 신문에 기자들의 글이 골고루 올라가게 하는 것은 쉬운 일이 아니야. 인터넷 신문이면 문제가 되지 않지. 지면 상관없이 다 올리면 되니까. 청소년 기자 한 명이 하나의 기사를 맡아서 취재하고 기사를 쓴다 해도 문제가 안 돼. 하지만 여럿이 한 팀이 되고 가장 잘 쓴 기사를 하나 골라서 신문에 올리더라도 모두의 이름을 싣는 것을 추천해. 청소년기는 예민한 시기이니 서로 신경을 쓸 필요가 있어. 여럿이 하나의 기사를 쓰게 하니 주도하는 선배 기자가 이끄는 대로 따라만 가고 나머지는 들러리 서는 것 같아 기사 쓰는 것에 흥미를 잃을 수 있어. 기사는 혼자 쓰는 것이 좋아. 어느 정도의 지적 스트레스와 동료 간의 경쟁심으로 자극받으면 사고력과 글 쓰는 힘도 길러지기 때문이지.

기자들이 기사를 마감하는 시간에 볼 수 있는 장면. 약간의 수다와 '멍때림', 자기만의 정신세계 돌아다니기 등으로 집중력이 떨어진다 싶으면 어느새 시간은 훌쩍 지나가. 기사를 빨리 쓰는 기자도 있고 느린 기자도 있어. 속도로 기자를 평가할 수는 없어. 다 장단점이 있거든. 함께 모여 기사를 쓰기에도 환경에 한계가 있어. 신문 동아리실에서 하기도 그렇고 교실에서 쓰기도 쉽지 않을 거야. 취재한 후 기사를 쓰기에는 집이 최적의 환경이라 할 수 있어. 각자 컴퓨터로 기사를 쓰고 편집을 총괄하는 쪽으로 이메일을 발송하는 데 제약을 받지 않기 때문이야.

신입 교육을 마치고 기자 활동을 시작하는 입장에서 마감을 한다는 것은 심적 부담이 이만저만이 아닐 거야. 팀으로 기사를 쓴다면 누구에게라도 물어볼 수 있지만 혼자 맡은 기사라면 막막할 수 있거든. 정해진 시간 안에 끝내려고 무진 애를 쓰겠지. 괴롭지만 책임감을 가지고 완수하면 내공이 한 단계씩 올라간다는 사실을 기사를 쓰던 그때는 몰라. 겪으면서 성장하는 거거든.

글쓰기, 자기와의 **싸움**

기자들과 첫 만남에서 언제나 강조하는 것이 '경청'이야. 다른 사람이 하는 말을 잘 들어야 공감하거나 반박할 수 있거든. 잘 들어야 잘 쓸 수 있어. 이보다 더 좋은 것은 잘 들으면서 기록까지 하는 거야. 그런 경우는 드물고 대개는 고만고만해. 기자를 선발할 때부터 쓰기가 되니 기본은 하는 거지. 하지만 지도하는 입장에서는 더 욕심을 내고 싶어. 조금만 알려 주면 더 좋은 기사가 나온다고 믿기 때문이야. 실제로도 그런 경우가 많아. 이런 '원 포인트one point 레슨'을 신문 동아리의 선배나 지도 교사가 해 줄 수 있으면 더없이 좋을 거 같아.

머릿속의 생각을 조금만 더 끄집어내면 좋을 텐데 마음 같지 않아서 아쉬울 때가 많아. 기사를 어느 수준 이상으로 올라가게 하고 싶어서지. 쓰기의 기준을 좀 더 높이 설정해 놓고 격려해도 막상 그 이상으로 뛰어오르는 기자들은 그리 많지 않아. 기자 생활은 즐거운데 기사 마감에 마음의 짐을 지우지 않도록 신경 써야 하는 부분이야.

생각하는 힘을 끌어올리기 위해서는 수정을 반복하는 것이 효과적일 수 있어. 수정을 반복하기 위해서는 자기 자신에게 엄격해야 해. 무엇을 쓸 것인지, 어떻게 흐름을 잡아갈 것인지, 정한 흐름대로 제대로 가고 있는지 늘 다시 읽어 보는 노력이 필요해. 읽어 보면 수정할 부분이 보이고 더 적절한 문구가 떠오르거든! 들어가야 할 내용이 빠진 것을 알게 되면 보완해 넣을 수 있고 중복되는 단어나 문구, 어색한 문장들도 찾아내 매끄럽게 만들 수 있어. 수정을 반복하는 것은 글의 완성도를 높이는 과정이야.

기사의 처음에는 사건·사고의 개요나 상황, 이슈의 요약 등 기사를 쓰게 된 이유를 정리해서 써야 한다고 이론적으로 알고는 있지만 막상 쉽지 않아. 독자들의 눈에 확 들어가는 글이 무엇인지 이해하기 위해서는 오랜 시간 수정을 반복해야 해. 중심을 잡고 방향을 잃어버려서는 안 돼. 자기와의 싸움이거든. 이기면 만족할 만한 글을 얻게 되고, 지면 발전이 없는 그대로의 상태야.

기사의 도입부를 적어 오면, 교육자가 논리적이고 글의 흐름이 좋으며 힘차고 자신감이 넘치는 글로 수정하도록 하면 결과물도 좋아. 도입부가 끝나면 기사의 본문을 추가해 다시 제출하면 점검하고. 기사의 본문은 설문 조사이거나 인터뷰가 많으니 설문 조사 결과나 인터뷰한 내용을 잘 정리해서 나열하면 돼. 설문 조사일 경우에는 주목할 만한 설문 결과에 대해 나름대로 분석하고 평가하는 글을 추가하는 것이 좋아. 잘 쓰거나 아니거나의 차이는 분석한 내용을 어떻게 평가하는가에서 나타나. 잘 쓰는 기자의 글을 읽어 보면 쏙쏙 들어오거든. 아닌 경우는 무슨 말을 하는지 이해하기 힘들 때가 많아. 그러면 본문 역시 좋은 글이 나올 때까지 수정해야 해.

본문까지 마치면 마무리 글. 기사의 마무리에는 기사를 통해서 독자들에게 알리고 싶은 주제를 다시 강조하거나 취재를 통해 드러난 문제점에 대한 대책 제시 또는 책임 있는 측이 해결하기를 제안하고 독자들의 인식을 전환할 수 있는 메시지를 남기며 끝맺는 것이 바람직해.

기사를 수정하도록 교육자가 직접 이끌어가면서 끝내면 마감 시간을 훌쩍 넘기는 일이 일쑤일 거야. 어느 정도 시기가 지나 수준이 올라가면 기사의 도입부와 마무리 부분을 봐주고 본문은 각자 작성하도록 해도 무리 없을 거야. 신입 교육을 마치면 끝나는 것이 아니라 이때부터 기자들의 글쓰기 능력을 올리기 위한 지속적인 에이에스after service가 시작되는 거야. 기자 활동이 제대로 돌아가려면 불가피한 현실이지.

중고등학교 동아리에서 기사를 제대로 쓸 수 있으려면 열정적인 담당 선생님이 필요해. 초반에 담당 선생님이 선배들부터 가르쳐서 후배들을 충분히 지도할 수준으로 능력을 끌어올려 준다면 다음부터는 자율적으로 돌아갈 거야. 그렇지 못하면 이 책에 소개한 교안을 참고해서 학교 실정에 맞는 교안을 만드는 것도 가능하지. 함께 만들어 가는 거야.

꼭지 글, 신문에 **풍성함**과 **활력**을

신문 동아리 활동으로 신문을 발행한다면 신문 특성에 맞는 지면 구성을 위해 많은 사람의 의견을 모아야 할 거야. 기획 기사와 고정 기사 등이 필요하지. 곰곰이에서는 고정된 글을 꼭지라 불러. 그 꼭지는 청소년들이 쓰고 있어. 이런 꼭지들을 활용하면 동아리에서 발행하는 신문에 도움이 될 거야. 한 번 꼭지를 맡으면 적어도 1년은 책임지고 하는 게 좋겠지.

〈곰곰이 신문〉에는 '청소년 시사 칼럼' '청소년 소설 읽기' '영화 일기'가 있어. 이 꼭지의 공통점은 곰곰이 기자를 졸업한 청소년이 희망해서 쓰거나 곰곰이에서 먼저 제안해서 쓴다는 점이야. 곰곰이 기자로서 기사를 썼던 느낌을 이어서 꼭지를 맡아 쓰니 기사에서 벗어나 확장된 글을 쓰게 되는 기회가 주어져. 물론 졸업하는 모두에게 해당되는 기회는 아니지만.

신문 동아리의 경우를 생각해 보면 수습 교육을 마친 1학년은 선배 기자들 하는 것 보고 배우며 능력을 키워 나가게 돼. 물론 기사도 쓰면서 말이야. 2학년이 되면 중심이 되어 동아리를 끌고 나갈 거야. 기사 기획, 편집 등 가장 왕성하게 활동할 수 있는 시기거든. 3학년은 꼭지를 쓰게 하거나 아니면 후배들 교육을 지도하고 전체를 관리하는 역할을 하면 어떨까? 그러니까 3학년이 기자 활동의 경험과 전체를 보는 안목을 키워 왔으니 각각의 꼭지를 맡아서 진행하는 거지. 운영하다가 동아리의 형편에 따라 바뀔 수도 있겠지만 우선 해 보는 것도 나쁘지 않을 거야. 물론 신문 동아리에서 지면 구성을 위한 회의 결과 좋은 아이디어들이 넘쳐 지면을 다 채울 수 있다면 더없이 좋은 거지만.

〈곰곰이 신문〉에서 세 개의 꼭지 글을 소개할게.

| 청소년 시사 칼럼 |
코로나19 사태에 따른 9월 신학기제

코로나19 사태가 지속되는 만큼 아이들의 교육과 관련하여 이른바 '9월 신학기제'가 논란이 되고 있다. 9월 신학기제란 초, 중, 고교와 대학을

3월에 시작하는 것이 아니라 가을인 9월에 시작하는 것이다. 우리나라는 3월 신학기제를 실시하는 반면 세계 대부분은 9월 신학기제를 실시하고 있다. 과거 3차례 정도 9월 신학기제에 대해 검토해 보았지만 시간과 예산 등의 문제로 취소되었다.

9월 신학기제는 김경수 경남도지사의 발언 후 더욱 이슈가 되었다. 9월 신학기제에 대해 찬성하는 입장은 개학이 평소보다 1달가량 늘어나 교육 과정이 변경 된 것을 예방하기 위해서이다. 또한 우리나라를 제외한 전 세계 대부분의 나라가 이미 9월 신학기제를 도입한 지 오래이다. 그러므로 만약 우리나라도 9월 신학기제를 도입하게 되면 우리나라와 다른 나라 간의 유학 문제나 교환 학생과 관련한 문제도 해결할 수 있다. 그리고 여름 방학이 길어져 신학년 준비 기간이 많아지고 애매한 봄 방학 기간은 적게 가지게 된다.

하지만 9월 신학기제에 대해 반대하는 입장도 만만치 않다. 9월 신학기제를 도입하게 되면 당장 고치기 시작해야 하는데 고등학생의 수능 문제를 해결하기 어렵고 예산 등의 비용이 너무 크기 때문이다. 그리고 이미 학생과 교육계가 봄 신학기에 맞춰 왔다는 것이다.

현재 교육부 등 많은 정치계에서는 아직 9월 신학기제에 대해 실행할 때는 아니라지만 지금이 코로나19 장기화에 대해 대비하기 위해 9월 신학기제에 대해 논의해야 할 때라는 입장 또한 많다. 9월 신학기제에 대해서는 아직 많은 검토가 필요하지만 무엇보다 9월 신학기제에 대해서는 많이 지켜보아야 할 일인 것만은 확실하다.

>> 강동진(양운중학교 3학년), 2020년 4월

| 영화 일기 |

자산어보

《자산어보》는 조선 순조 14년(1814)에 정약전이 지은 어류학서로 흑산도에 귀양 가 있는 동안 흑산도 근해의 수산물을 조사, 채집하여 쓴 책이다. 여기에서 자산은 흑산을 뜻하기도 하고 정약전의 호이기도 하다.

1801년(순조 1년) 순조를 대신해 수렴청정*하던 정순왕후가 천주교 금압령을 내린다. 신유박해**로 많은 천주교도가 처형되거나 귀양을 가자 황사영(정약전의 큰형 정약현의 사위)은 프랑스 주교에게 편지를 쓴다. 하지만 편지가 발각되면서 황사영 등 많은 천주교도들이 죽음을 당한다. 정약종 역시 처형되고, 정약전, 약용 형제는 긴 유배를 가게 된다. 약전은 흑산도로, 약용은 강진으로 떠나면서 영화는 시작된다.

흑산도에서는, 대역 죄인이었지만 서울 양반이라며 약전을 나름 살뜰히 챙긴다. 약전도 섬에서의 생활을 호기심으로 이어 가던 중 물고기에 박식한 창대를 알게 된다. 서자로 태어난 창대는 성리학을 중시하며 양반 아버지에게 잘 보이고 싶어 혼자 책을 구해 가며 글공부 중이었다. 창대에게 물고기에 대해 알려 달라고 물어보지만, 서학을 공부한 대역 죄인이랑은 엮이기 싫다며 거절한다. 어느 날 창대는 어린 아기와 죽은 아버지에게까지 세금을 매겨 집안 살림들을 챙겨가는 관리들을 보며 참지 못하고 관아에 찾아가 따지지만, 오히려 곤장을 맞고 옥에 갇히는데 그런 창대를 약전이 구해 낸다. 그리고 약전은 창대에게 서로의 지식을

---

* 임금이 어린 나이로 즉위하였을 때, 왕대비나 대왕대비(선대 임금의 아내나 임금의 할머니)가 이를 도와 정사를 돌보던 일.

** 1801년에 있었던 대대적인 천주교도 박해 사건. 이승훈, 이가환, 정약종, 권철신, 홍교만 등 남인에 속한 천주교도와 중국인 신부 주문모 등이 사형에 처해졌다. 정순왕후를 배경으로 한 노론 세력이 정치적 반대 세력인 남인을 탄압하려는 권력 다툼의 하나이기도 했다.

바꾸자고 창대에게 제안한다. 약전의 힘으로 풀려난 창대는 그때부터 약전에게 마음을 연다.

서로가 스승이 된 두 사람. 그렇게 흑산도 주변의 해산물 연구를 하며 책을 쓰는 약전과 나날이 발전하는 창대는 서로가 벗인 듯 스승인 듯 지낸다. 한편 강진에서 제자들을 양성하며 실학을 집대성한 약용과는 달리 약전은 해양 생태계와 못 가본 세계에 대한 호기심으로 《자산어보》와 《문순득의 표해록》을 지었다.

서자로 태어나서 양반 아버지의 보살핌 없이 자란 창대지만, 글공부를 익혀 날로 실력이 늘어가자 아버지는 창대를 부른다. 진사 시험에 합격한 창대는 아버지의 도움으로 나주에서 근무한다. 거기에서 창대는 약용의 《목민심서》가 통하는 나라를 만들고자 하지만 현실은 쉽지 않다. 날로 백성에 대한 탄압과 횡포를 더해 가는 관리들을 보며 창대는 자신이 할 수 있는 게 없다는 걸 깨닫고 결국 모든 걸 놓고 다시 섬으로 돌아오게 된다. 섬으로 돌아오는 길에 흑산도를 떠나 우이도로 거처를 옮긴 약전을 만나러 가지만 오랜 유배 생활과 《자산어보》를 완성하겠다는 일념으로 몸을 혹사한 약전은 죽고 없었다.

성리학의 조선을 꿈꾸며 글공부를 했던 창대는 약용을 만나 《목민심서》의 나라를 만들겠다고 다짐했지만, 결국은 《자산어보》의 약전이 맞았을지도 모른다는 생각을 하며 흑산도로 가는 창대의 시선으로 영화는 끝이 난다.

영화 〈동주〉에 이어 이준익 감독은 조선시대 민중의 삶을 그려내기 위해 수묵담채화를 보듯 흑백 화면으로 채웠다. 약전이 가거댁의 마루에서 막걸리를 마시며 달이나 바다를 바라보는 장면은 큰 액자 같았다. 사극은 처음이라는 배우 설경구는 한양에서 곱게 자란 선비의 모습을 잘 보여주었고, 첩의 아들로 태어나 자기 인생에 불만이 많은 어부 창대 역의 변요한의 연기도 일품이었다. 정약전과 창대의 끊임없는 대화와 말다툼이 우리에게 많은 생각을 하게 하였다. 항상 정약용의 형으로만 알았던 정약전을 영화에서 보니 실제로 듣고 본 것들을 자기만의 분류법으로 《자산어보》를 만들었다는 것이 얼마나 가치 있는 일인가를 알게 되었다. 진정한 학문이란 어떤 것인가를 창대가 깨닫는 장면은 무척 감동적이었다.

≫ 남승훈(부흥고등학교 1학년), 2021년 6월

| 청소년 소설 읽기 |

백성을 겨누는 칼, 백성을 지키는 칼
《동남제도 수호검》

정의롭고 신비한 이야기는 이렇게 시작된다.

아버지는 오래된 대장간을 운영하다 사람들의 발길이 뜸해지자 문을 닫게 되고 그곳을 박물관처럼 운영하였다. '동남제도문화연구소'가 바로 그곳이다. 그러던 어느 날, 도둑이 들어 칼을 훔쳐 가려고 하고 도둑을 쫓는 아버지. 누군가 그 칼을 오래전부터 탐하고 있다는 알 수 없는 이야기에 '나'는 호기심에 이끌려 고리 속 바닷물에 손을 넣게 되고 100년 전 세상으로 빨려 들어가게 된다.

도착한 곳은 조선. '나'는 그곳에서 엄청난 덩치의 배상삼과 재환 가족을 보게 되고 그들을 따라가 본다. 평등한 세상을 이루기 위해 봉기에 동참했던 배상삼은 가족을 잃고 도망 다니는 처지였고 그런 배상삼을

10년 가까이 재환네 가족이 숨겨 주고 있는 상황이다.

나라에서는 울릉도 '개척령'이 내려지고 도벌을 일삼는 일본인들의 침입을 막고 백성들을 안전하게 지키기 위해 '개척사'를 임명하게 된다. 개척사는 울릉도의 형편을 잘 살펴서 알려 줄 사람이 필요했기 때문에 두 사람에게 울릉도로 갈 것을 제안하게 되고 둘은 망망한 바다를 건너 울릉도로 가게 된다. 그곳에는 몰래 들어와서 살고 있는 조선인과 불법으로 들어와 도벌과 고기잡이를 하는 일본인들도 있었다. 이처럼 사람들이 많이 들어와 살게 되었기 때문에 그곳의 자원과 백성들을 돌보는 직책인 '도장'을 만들었고 '진석규'라는 사람이 임명되었다. 백성들을 돌봐야 하는 직책이지만 그는 자신의 부와 재물을 축척하려 오히려 일본인과 결탁하여 울릉도의 자원인 산림을 몰래 일본으로 빼돌리고 있었다. 그뿐만 아니라 백성들을 강제로 동원하거나 고분고분 따르지 않으면 죽이거나 강제로 납치하고 아이들도 일본으로 팔아넘기려는 악행을 저지르고 있었다. 그는 좁은 섬에서 왕처럼 군림했다.

칼은 왜 힘 있는 사람들에게만 주어질까? '도장' 일행에게 크게 당한 후 배상삼은 옛날 대장간에서 일했던 기억을 떠올려 백성들을 위한 칼을 만들게 된다. 만드는 과정에서 믿기 어려운 일들이 일어나고 칼이 주인을 선택했다는 것. 칼과 상삼이 하나가 되는 과정을 거쳐 '동남제도 수호검'은 그렇게 탄생하게 된다. 배상삼은 울릉도에 들어온 종사관에게 '도장'의 악행으로 섬사람들의 고통이 심함을 고했지만 법보다 주먹이 가깝고, 나라의 법은 저 바다 건너 있고 칼을 휘두르고 있는 '도장' 앞에서는 어쩔 도리가 없었다.

하지만 포기하지 않고 자신이 만든 칼을 가지고 일본 선장에게서 아이들을 구해 내고 죄를 묻게 된다. 드디어 '도장'은 포도청으로 압송되고 그 뒤를 이어 배상삼은 '울릉도수'가 된다. 자신의 목숨을 노리던 '도장'의 부하들까지 모두 용서하고 백성을 진심으로 위하며 섬에는 평화가 찾아온다.

그런데 진석규 일당의 2인자였던, 홍 서방이 '두령'이 되어 왜구와 결탁하고 다시 일을 꾸미게 된다. 하지만 배상삼이 있었기에 이는 곧 들통나게 되고 더 이상 부당 이익을 챙길 수 없게 된 홍서방과 그 일당들은 그에 대한 유언비어를 은밀히 퍼트려 믿지 못하게 만들어 버린다. 그리고는 왜구와 함께 울릉도에서 입지가 사라진 배상삼을 죽이게 된다. 배상삼이 죽은 뒤 세상은 뒤집어지기 시작했고 섬은 온통 일본인들의 세상이 되어 갔다. 그리고 '나'는 다시 현실 세계로 돌아오게 된다.

과거 배상삼의 가슴으로 파고들던 그 칼의 빛. 100년 전에 보았던 '동남제도 수호검'을 서로 차지하기 위해 다투는 아빠와 도둑을 다시 마주한다. 그때 아버지가 떨어뜨린 칼을 무심코 든 '나'는 칼등에 적힌 글자를 확인할 수 있었다. '홍-가타오카 요시베'! 섬에 일본 주재소가 설치되던 날, 거기에 한몫을 단단히 한 홍서방과 일본인 가타오카 요시베가 손을 맞잡고 협력을 기념하면서 선물로 준 바로 그 칼. 도둑이 사라지고 밤이 되자 잠자리에 누워 아버지를 바라보다가 그의 얼굴에 홍서방의 얼굴이 비친다. 마지막 부분에서의 '나'가 누구였는지 서서히 벗겨지며 순간 놀라게 된다.

언제나 백성들의 편에 서서 그들을 구호하고자 노력했던 배상삼. 왜구와 손잡은 부정한 칼에 맞서 백성을 지키는 칼을 만든 그. 그가 휘두르는 '동남제도 수호검'처럼 어려울 때면 공동체를 위해 팔을 걷어붙이는 사람들이 모여 오늘을 이기고 내일을 만드는 것 같다.

≫ 박산휘(장안중학교 1학년), 2020년 4월

어때? 이런 글들이 함께 있다면 신문이 더욱 풍성해지겠지.

또 다른 꼭지들도 있어. 편집장이 직접 쓰는 '편집장 한마디'야. 동아리를 이끌어 가는 입장에서 느끼는 여러 가지 주제를 글로 표현해. '포토 뉴스'는 사진으로 글을 대신할 수 있어. 긴말보다 한 장의 사진이 더욱 강렬하게 전달되도록 간략한 설명만 덧붙이면 되거든. 그리고 동아리 기자이거나 교내 모집을 통해 받은 만화, 콩트 등 알리고 싶은 자신의 재능을 실어 주는 꼭지도 신문에 활기를 줄 거야. 학생 간부와 학교 책임자가 교내외 문제들에 대해 이야기를 나누는 간담회나 회의 결과를 비롯하여 교내 행사나 공지하고 싶은 전시회 등 문화 행사도 하나의 꼭지로서 역할을 할 거야.

| 편집장 한마디 |
시작이 반이다.

우리나라 속담 중에는 시작이 어렵지, 일단 시작만 하면 뒷일은 어려울 것이 없다는 말이 있다. 지난 12월 편집장 선거를 할 때도 "내가 편집장이라는 큰 책임을 다할 수 있을까?" "끝까지 포기하지 않고 해낼 수 있을까?"라는 생각에 쉽게 후보에 나서질 못했다. 그때 다른 기자가 추천을 해 준 덕분에 용기를 가지고 선거에 참여할 수 있었다. 결국 편집장이 되고 기획 회의를 이끌어 가는 것을 해 보면서 많이 부족하지만 후보로 나서려고 할 때보다는 훨씬 쉬웠다. 2009년 새해가 밝으면서 여러 가지 새해 계획을 세우는 사람이 많다. 하지만 계획만 하고 실천은 하지 않는다면 아무 소용이 없다. 시작이 반이라는 속담을 마음속에 깊이 새기고 몇 번 계속 실천하다 보면 나중에는 습관처럼 계획을 실천하게 될 것이다.

그러니까 시작을 두려워하지 말고 도전해서 좋은 기회를 만들어 보자!

≫ 한유정(좌동초등학교 6학년), 2009년 2월

청소년의 **이런** 기사 **저런** 글

〈곰곰이 신문〉을 만들면서 곰곰이 기자들과 함께한 시간은 즐거웠고 행복했던 기억투성이야. 일일이 다 나열할 수는 없지만, 간단한 해설을 하면서 청소년들의 기사와 글을 소개할게. 지난 20여 년 동안 청소년들이 〈곰곰이 신문〉에 쓴 것들이야. 신문 동아리 활동에 도움이 되면 좋겠어. 소개하는 기사와 글처럼 주제가 같을 수는 없지만 비슷한 일들은 반복해서 일어나고 있고 취재가 가능한 곳들은 늘어나고 있으니 활용해 보는 것도 괜찮아. 예전이나 지금이나 각자 보고 느낀 대로 기사화할 수 있으리란 생각이 들어. 청소년들이 쓴 기사와 글을 통해 우리 주변을 변화 또는 개선할 수 있다면 얼마나 좋을까 생각해 봤어. 그런 의미에서 곰곰이 기자들의 활동이나 신문 동아리의 역할은 충분히 존재 가치가 있지.

곰곰이 기자들과 함께 이웃 나라들을 찾아가는 여행도 의미가 있다는 생각이 들었어. 부산을 벗어나지 못하는 취재 환경을 완전히 뛰어넘어 보자는 생각이 든 거야. 1년에 한 번씩 여행을 가는 것으로 기자 활동의 지평을 넓혀보자는 취지였지.

그 첫 번째 시도로 2007년 2월 일본 오사카로 여행을 갔어. 여행이라지만 기자들이기에 일본과의 사이에서 남아 있는 역사적 사실을 찾아가는 취재를 외면할 수 없잖아. 여행사와 함께 역사의 흔적을 찾아볼 수 있는 프로그램을 만드느라 힘들었지만 함께 돌아보며 공부하는 값진 여행이 되었어. 하지만 다음 해 중국으로 백두산을 다녀올 계획을 세우고 다 준비가 되었으나 중국에 돌고 있는 질병으로 인해 포기할 수밖에 없었어. 그리고 2010년 2월에 일본 도쿄 여행을 다녀왔지. 일본의 선진 문화와 자연을 둘러본 여행인데 기자들은 어떻게 받아들였을까? 이 여행을 끝으로 해외여행의 동력이 끊어진 것은 지금도 여전히 아쉬운 부분이야.

오사카와 교토를 첫 번째 여행지로 결정한 이유는 한일 간의 역사적 교류와 아픈 상처가 남아 있기 때문이었어. 조선 통신사들을 맞이하던 축제가 아직도 진행되고 있고 선조들의 문화유산들을 여러 곳에서 확인할 수 있어. 임진왜란과 일본의 식민지 아래에서 남겨진 씁쓸한 흔적도 존재하지. 그리고 재일 교포들이 모여 있는 시장을 둘러보면 그 속에서 우리의 모습을 발견할 수 있어. 기자들이 보고 듣고 느낄 점이 많은 곳이야. 기자들은 각자 기사를 썼는데 다음 기사는 교토에 있는 귀 무덤을 다녀와 쓴 거야.

우리 조상들의 원혼이 담긴 귀 무덤

지난 2월 24일 일본에서 우리 곰곰이 기자단은 '미미즈카(耳塚)'라고 불리는 귀 무덤을 방문하였다. 귀 무덤이란 일본 교토에 위치해 있는 유적으로, 임진왜란 당시 일본군들이 토요토미 히데요시에게 조선인들의 귀와 코를 베어 바친 것으로 만든 무덤이다.

토요토미 히데요시는 1536년 일본 오와리에서 태어난 평민이었다.

일본 통일을 이룬 히데요시는 공을 세운 지방의 성주에게 땅을 나누어 주기 시작하였다. 그러나 땅은 모자라게 되었고 그래서 명나라를 침략하게 되었다. 명나라로 가려면 우리나라를 지나야 하기 때문에 그 이유를 내세워 조선을 침략해 왔다.

이때 일본에서는 우리나라 사람의 목을 베어 오면 그 수만큼 공을 높여 주었다. 그러나 목은 크기가 너무 커 운반하기가 힘들었고 그래서 귀나 코를 잘라 소금에 절여 일본에 가져갔다고 한다. 이렇게 모인 오만 명의 귀와 코를 히데요시는 전리품처럼 탑을 세우고 무덤을 만들었다. 지금도 일본인들은 귀 무덤을 방문하는 관광객에게 자랑거리로 삼고 있다.

그런 반면 귀 무덤의 인근에 사는 일본인 시미즈 할아버지는 이 무덤을 청소하고 벌초하는 등 오랜 시간 동안 남모르게 관리해 왔다고 한다. 시미즈 할아버지는 귀 무덤을 방문하는 한국인에게 "조상들의 죄를 용서하라"며 고개를 숙이기까지 한다고 한다. 우리 곰곰이 기자단도 시미즈 할아버지와 인터뷰를 하려고 시도를 해 보았지만 나이가 많고 날씨가 추워서 안타깝게도 만나지 못하였다.

길 건너편에 있는 화려한 토요토미 히데요시의 신사에 비해 초라한 귀 무덤을 보며 아직 이런 사실조차 모르는 한국인들이 부끄럽다는 생각이 들었다. 심지어 귀 무덤은 아이들이 뛰어노는 놀이터 옆에 위치하고 있었다. 또, 그런 귀 무덤을 자랑거리로 삼으며 그대로 두는 일본인들이 정말 잔인하다고 생각했다.

하지만 우리나라의 아픈 역사도 알지 못하는 한국인들이 귀 무덤에 대해서 일본인들에게 비난을 하는 것이 옳은 일인지도 다시 한 번 생각하게 되었다. 이러한 아픈 역사가 더 이상 일어나지 않도록 조상들의 원혼 앞에서 묵념을 했다.

≫ 김민성(신곡초등학교 6학년), 김유경(상당초등학교 6학년), 2007년 3월

지브리 미술관과 디즈니랜드의 놀이 시설

일본에 갔을 때 재미있는 것들이 많은 곳은 두 군데, 미야자키 하야오 감독의 지브리 미술관과 도쿄의 디즈니랜드였다.

첫날에 지브리 미술관에 갔었는데 거기는 미야자키 하야오 감독의 영화 작품에 대한 것들이 전시되어 있었다. 맨 처음 짧은 영상을 하나 보았는데 어떤 그림책의 내용을 영상으로 만들어 놓은 것이었다. 영상을 보고 2층에 올라가 하야오 감독의 작품 〈벼랑 위의 포뇨〉의 그림과 그림을 빠르게 넘겨 움직이게 하는 것이 보였다. 하야오 감독의 그림 솜씨가 아주 뛰어나다는 것을 알았다. 그 외에도 원령공주, 토토로 등 많은 영화의 캐릭터가 있었다.

위층에는 놀이터와 기념품 가게가 있었다. 놀이터에는 큰 고양이 버스 인형과 까만 검댕 인형도 많이 보였다. 기념품 가게에는 토토로와 포뇨 캐릭터가 그려진 물건이 많았다. 바깥에는 물이 나오는 펌프가 하나 있었는데 손잡이로 펌프질을 해야만 물이 나왔다. 재미있는 경험이었다.

둘째 날에는 도쿄 디즈니랜드에 갔다. 웨스트랜드에는 천천히 가는 기차가 한 대 있었는데 타면 웨스트랜드 전체 모습을 볼 수 있었다. 빅썬더 마운틴이라는 광산 체험을 하는 곳이 있는데 무척 재미있었다. 가운데 신데렐라 성 근처에는 마음대로 핸들을 돌리면 빙빙 돌아가는 컵도 있었다. 투모로우 랜드에는 미래 중심의 놀이 기구로 꾸며져 있고 판타지 랜드는 환상의 도시처럼 화려했다.

오후 3시에는 길거리 퍼레이드가 있었는데 많은 사람들이 길거리에 돗자리를 깔고 앉아 있었다. 퍼레이드에는 피터팬과 후크 선장 등 동화 속의 캐릭터들이 많았다. 디즈니랜드는 보는 것도 많고, 타는 것도 많아 평일인데도 불구하고 많은 사람들이 찾아왔다. (…)

≫ 조예림(부흥초등학교 6학년), 2010년 3월

기자들의 활동 폭을 넓히기 위해 해외여행 말고도 국내 여행도 갔어. 기자 활동은 6학년이 되면 끝나니 아쉬운 마음에 졸업 여행이란 이름으로 서울을 가기로 한 거야. 추억을 남기는 여행도 의미가 있거든. 졸업 여행이 아이들에겐 좋았던 모양이야. 서울에서 역사와 문화의 현장을 둘러보는 일정이 여행의 목적이었지. 그 가운데 기억에 남는 것은 곰곰이 기자들과 '수요 집회'에 참여한 거야. 정확한 명칭은 '일본군 성노예제 문제 해결을 위한 정기 수요 시위'이고 일본군 '위안부' 피해자에 대해 일본 정부의 사과를 요구하고 그 부당함을 규탄하기 위해 매주 수요일 열리는 정기 집회를 말해. 매주 수요일 일본 대사관(서울 종로구) 앞에서 진행되는 이 집회는 1992년 1월에 처음 시작되었으며 1,485차 집회가 열렸어(2021년 3월 31일 기준). 당시에 강제 동원된 피해 할머니들께서도 일부 참가하고 있지. 그런 수요 집회 현장을 처음으로 참여했어. 할머니와 참여자들의 발언을 들으며 많은 생각과 느낌이 있었을 거야.

나비가 되어 훨훨 날아가길

곰곰이 기자들이 서울의 수요 집회 현장을 찾아가 보았다. 블라인드로 가려 놓은 일본 대사관 앞, 일장기가 펄럭이며 있다. 그 앞에는 두 명의 할머니와 할머니 곁에서 "일본은 위안부 할머니들께 사죄하라"고 외치는 학생들과 시민들이 있다. 그 두 명의 할머니는 일본에 강제로 위안부로 끌려갔던 할머니들이다. 비가 오나 눈이 오나 항상 수요일마다 집회를 열면서 일본이 사과하는 날만을 기다리며 있다.

바로 눈앞에 살아 있는 증거가 있음에도 불구하고 증거가 없다며 발뺌하는 일본이 이해가 가지 않는다. 겨우 살아 돌아와 환영도 받지 못하고 숨어 살다 용기를 내어 자신이 피해자라고 말하는 할머니들을 외면하며 그 사과 한마디 못하는 일본이 매우 실망스럽다. 심지어 할머니들이 스스로 위안부가 되었고 어쩔 수 없는 전쟁의 결과였다고 말하는 일본에 더 화가 난다. 일본 빼고 다 아는 사실을 왜 아니라고 하는지 이해가 되지 않는다. 우리처럼 어린 나이에 끌려가서 성폭행을 당하고 일본을 위해 몸을 받쳤던 할머니들을 생각하면 눈물이 앞을 가린다.

이 '위안부' 피해자 문제는 전 세계가 알고 일본의 사과를 꼭 들어야할 문제다. 점점 할머니들이 나이가 들어 돌아가시고 지금은 몇 명 남지 못했다. 죽기 전 소원이 일본이 사죄하고 보상을 받는 것이라는 할머니들에게 언젠가는 일본이 사과할 것이라 믿는다.

어린 기자로서 지금 현재 해 줄 수 있는 것이 없다는 게 죄송스럽지만 꼭 일본이 사과하게 앞장서 할 수 있는 만큼 도와주고 싶다. '위안부' 피해자에 대해 아무 감정이 없던 기자는 이번 수요 집회 현장에서 직접 할머니들을 보며 속에 있던 화들이 생기기 시작했다. 꼭 일본이 사죄해서 잘 마무리되었으면 좋겠다.

>> 김수현(해송초등학교 6학년), 2014년 3월

이제 소개할 글은 세상에서 일어나는 일들에 대해 청소년들과 신문을 읽고 토론하는 시간을 가지고 나온 글이야. 청소년들의 글은 우리 사회에서 일어나는 여러 가지 일에 비판적이어서 더욱 현실감 있고 공감될 거야.

산업화가 진행되는 과정에서 노동자들은 열악한 환경에서 낮은 임금을 받으며 오래 일했어. 기업의 막대한 이윤은 자본가들 주머니로 들어갔지. 이런 불공정함을 해결하기 위해 사회법을 만들었어. 사회적 약자를 보호하기 위함이야. 이 사회법은 노동법, 경제법, 사회 보장법으로 크게 구분할 수 있어. 그중 노동법은 노동자가 인간다운 생활을 할 수 있도록 노동관계를 규율하여 경제적 약자인 노동자를 보호하는 법이야.

하지만 법과 현실 사이에는 차이가 있어. 안전이란 개념에서 소외된 산업 현장에서 청년들의 죽음이 계속되고 있잖아. 2018년 12월 11일 충남 태안화력발전소에서 노동자 김용균이 목숨을 잃은 사고가 있었어. 2020년 1월 이런 일을 막기 위한 김용균법(산업안전보건법 개정안)*이 시행된 이후에도 청년 노동자 사고는 계속 일어나고 있어.

---

* 산업안전보건법은 산업 재해를 막기 위한 법으로 1981년에 만들었다. 그러나 노동자들의 안전한 작업 환경을 보장하지 못해 법을 개정해야 한다는 비판의 목소리가 오랜 시간 있었다. 청년 노동자 김용균 사망 사고로 본격적인 논의가 이루어져 마침내 2018년 12월에 개정안이 국회를 통과했다. 이른바 김용균법으로 불리는 이 개정안은 2020년 1월부터 시행되었다. 다음 해인 2021년 1월, 산업 안전에 더욱 효율적으로 대처하기 위해 다시 산업안전보건법 전문을 개정했다.

김용균의 사고에서 지금 청소년들의 미래를 엿볼 수 있어. 안전한 작업 환경을 보장받지 못한 수많은 청년 노동자들이 여전히 존재한다는 것은 청소년들이 성장해 들어갈 노동 현장도 예외일 수 없다는 것이야. 여기저기 도사린 문제점들이 개선되어 가는 속도는 사고 속도를 따라가지 못해. 청소년이 쓴 다음 글을 읽으며 한번 생각해 봐.

수많은 김용균들을 위하여

산업안전보건법 개정안(2018년 12월)은 산업 안전을 도모하기 위해 기준을 정하고 책임의 소재를 밝히며 재해 예방 환경을 조성하기 위해 제정된 법률이다. 이는 2018년 김용균 씨의 태안화력발전소 사고사가 발생한 후 이러한 비극이 반복되지 않게 해달라는 국민들의 간절함과 어린 생명인 김용균 씨에 대한 추모의 마음으로 만들어진 법이라 해서 '김용균법'이라고도 불린다.

김용균 씨가 근무하던 서부발전에서는 하청업체에 한 사람이 컨베이어 벨트 4킬로미터를 밤에 점검하도록 했다. 빠르게 돌아가는 컨베이어 벨트로 인해 떨어지는 낙탄을 삽으로 퍼내는 일까지도 해야 했기에 사고가 발생할 위험이 더 컸다. 그러나 이런 위험한 일들은 주로 하청업체에게 맡기고 사고가 발생했을 때 그 책임조차 하청업체 측에서 알아서 지라 하는 것이 문제이다. 이 사건에 빗대어 우리 사회는 '죽음마저 외주화하는'이라는 수식어가 하나 더 붙었다.

산재 사망의 90퍼센트가 하청 노동자들이며 서부발전에서 산재 사고로 인해 지난 2010년에서 2018년 사이에 사망한 노동자 13명 전원이 하청 노동자들이라는 조사 결과가 원청과 하청의 고용 관계와 하청업체 노동자들의 노동 환경 실태를 더욱 명백히 해 준다. 원청 노동자들의 사고 발생률보다 하청 노동자들의 사고 발생률이 압도적으로 높다는 것은 그들의 작업 환경이 그만큼 안전하지 못하다는 것을 의미하고, 원청업체에서 주로 고되고 위험한 일들을 하청업체에 맡긴다는 것을 의미한다.

원청업체 측에서 자신들의 필요에 의해 하청업체의 노동자들을 작업 현장에 들인 이상 그들이 안전한 환경에서 근무할 수 있도록 하는 것은 최소한으로 갖추어야만 하는 조건이다. 그럼에도 이와 같이 방치해 놓고 있는 수많은 원청업체들은 하청 노동자들에 대한 고의적 살해를 유발하는 것과 다름이 없다.

새롭게 개정된 산업안전보건법은 김용균 씨와 같은 사고가 발생했을 경우 그 책임을 원청업체에 물을 수 있다는 부분에서 위험은 외주화해도 책임은 외주화할 수 없다는 의의를 가진다. 그러나 여전히 위험은 외주화되고 있는 현실이 해결되어야 하는 숙제로 남아 있다. 일하는 사람이 정규직이든 비정규직이든 원청 노동자든 하청 노동자든 같은 곳에서 일하는 한 노동 환경에 대한 동등한 정보를 갖출 수 있도록 해야 한다.

또한 비정규직 혹은 하청 노동자라는 직위가 더 위험한 환경에 노출되어도 된다는 말도 안 되는 인식은 사라져야 한다. 대부분의 사람들은 생명은 평등하다고 인식한다. 그런데 왜 노동 환경에서의 생명은 평등하게 대우받지 못하는 것일까?

김용균 씨의 사고를 계기로 산업안전보건법 개정안(김용균법)이 만들어지기는 했으나 비정규직과 정규직, 하청 노동자들과 원청 노동자와 같은 고용 관계가 남아 있는 한 여전히 해결되지 못하고 있는 핵심적인 문제들과 불편한 모습들이 사회에서 빈번하게 발생하고 있을 것이다. 그러나 제 2의 김용균이 나오지 않기를 바라는 수많은 노동자들, 국민들의 마음에서 이 법이 탄생한 만큼 노동 환경에서 변화가 일어나는 모습이 눈에 보였으면 한다.

≫ 여름(신도고등학교 2학년), 2019년 2월

살아가면서 한 번쯤은 특별한 경험을 하지. 누군가를 만난다거나 어떤 곳을 가게 되는 그런 경험 말이야. 다시없는 그런 특별한 경험은 두고두고 기억이 나는 법이거든. 바쁜 일상을 보내다가 문득 떠오르는 기억에 미소를 짓기도 해. 함께 추억을 공유할 수 있는 이를 만나 당시 경험으로 시간을 보내는 것만으로도 에너지가 충전될 거야. 곰곰이 기자 활동을 하면서 겪었던 것들처럼 동아리 활동을 하는 가운데서도 일어날 수 있어.

지율 스님은 천성산 내원사의 비구니 스님이야. 서울-부산 간고속철도KTX가 건설 중이었는데, 공사 구간에 천성산 아래로 관통하는 터널이 있었어. 스님은 터널 공사를 하면 천성산 주변의 습지가 말라 그곳에 살고 있는 수많은 생물이 사라질 거라는 주장을 하며 도롱뇽을 피해자로 소송 중이었어. 그런 가운데 스님이 부산시청 앞에서 천성산 도롱뇽을 보호하기 위한 단식 투쟁을 할 때 처음 만났지. 2003년 10월 말이었어. 기력이 없이 앉아 있던 스님을 찾아간 곰곰이 기자들은 인터뷰하고 기사를 썼어. 울산지법에서 진행된 법정에 참관도 했고.

그리고 2005년 3월에 추가로 지율 스님과 내원사 계곡에서 도롱뇽을 찾아보는 취재를 하면서 계속 연락을 주고받았어. 곰곰이 서점에 방문해서 직접 찍은 도롱뇽과 알 사진을 줬는데 아직까지 내부에 전시하고 있어.

그 후 오랫동안 연락이 안 되다가 2017년 2월 서울 정독도서관 출판 강연회에서 스님을 다시 만났지 뭐야. 그리고 2017년 4월 22일에 1박 2일로 곰곰이 기자들과 내원사 계곡에서 낙동강까지 물의 흐름을 따라가는 답사를 진행했어. 체력의 한계를 느끼며 힘들었지만 진한 여운이 남았어. 만남과 이별이 기약 없이 이루어지니 기억에 남나 봐. 다음은 1박 2일 답사 뒤에 기자가 쓴 글이야.

도롱뇽 스님

이번에 처음으로 1박 2일 취재를 다녀왔다. 천성산 내원사에 계신 지율 스님을 만나 자연환경 보호에 관한 이야기를 듣기 위해서다. 천성산은 해운대로부터 차를 타고 1시간 거리에 있는 산이다.

내원사 지율 스님은 원효터널(경부고속철도 천성산 13.3킬로미터 구간) 건설 반대 운동으로 2003년 2월부터 2006년 1월까지 5차례에 걸쳐 300일 넘게 단식을 하신 것으로 유명하다. 왜 지율 스님께서는 목숨을 걸고 천성산 고속철도 터널 관통 반대를 하셨는지 이야기를 직접 들을 수 있었다. 왜냐하면 원효터널을 건설하면 산에서 살고 있던 도롱뇽이 습지가 마르게 되어 죽기 때문이었다고 한다. 천성산에 살고 있는 도롱뇽은 우리나라 1급수 환경 지표종*인 꼬리치레도롱뇽이라서 많은 사람들이 보호해야 할 가치가 있다고 판단하여 터널 건설을 반대하였다고 한다. 하지만 원효터널은 끝내 건설이 되었다. 나는 한 끼만 굶어도 배

---

* 특정 환경 상태를 측정하는 척도가 되는 생물. 환경오염을 판단하는 지표로 주목받는다.

고픈데 300일 넘게 단식을 하면서 도롱뇽을 지키시려 했던 지율 스님이 대단하시고 이런 스님을 만나는 것이 영광이라고 생각했다.

숙소에 도착하자마자 무거운 짐을 풀고 지율 스님과 함께 천성산 원효봉 습지 보존 지역에 갔다. 산의 높이는 무려 해발 922미터. 그래도 다행이 922미터를 다 걸어서 올라가지는 않고 차를 타고 어느 정도 이동한 후 차에서 내려 정상을 향해 걷기 시작했다. 가는 도중 지뢰를 조심하라는 내용의 표지판이 있어서 우리들은 공포에 빠졌다. 그런데 그 내용은 철조망 뒤 지뢰를 조심하라는 말 같았다. 평소 운동을 많이 하지 않는 편이기 때문에 등산하면서 힘들기는 했지만 가면서 새로운 꽃 이름들을 알게 되었고, 지율 스님으로부터 자연환경 보호에 관한 이야기들을 들을 수 있었다. 그리고 정상에 도착해 사진도 찍고 돌도 쌓았다.

내려가는 길, 내려갈 때는 수월할 줄 알았는데 더 많이 걸어가야 해서 오히려 더 힘들었다. 내려가는 길에 지율 스님께서 예전에 산에 크게 불이 났었고 그때 바람이 많이 불어서 헬기가 출동할 수 없었다고 한다. 그런데 그 다음 날 밤새 바람의 영향으로 인해 자연의 힘으로 꺼졌다고 한다. 바람 때문에 나무의 바깥쪽 부분만 탄 자국이 있어 신기했다. 산을 내려와서 저녁식사를 마치고 지율 스님과의 간담회를 가졌다.

다음날 지율 스님과 기자단은 낙동강을 따라 걸었다. 스님께서는 4대강 사업 때문에 낙동강의 물이 엄청나게 줄어들고, 물의 방향도 바뀌었으며, 녹조 현상이 초래되어 환경 파괴가 심각하다고 설명해 주셨다. 훼손되어 가는 낙동강을 보며 인간의 잘못된 정책으로 자연이 심각히 파괴될 수 있다는 것을 깨닫게 되었고, 앞으로 환경 문제에 더 관심을 가져야겠다는 마음가짐을 갖게 되었다.

≫ 정혜인(상당초등학교 6학년), 2017년 5월

초등학교를 졸업하면 곰곰이 기자 활동도 마무리가 돼. 중학교에 가서도 계속하겠다고 우기지만 아쉬워도 어쩌겠어. 기자 활동을 마무리하는 선배 기자들의 소감을 읽어 보면 도움이 될 거야. 신문 동아리 활동을 마치고 후기를 남기면 후배들에게는 좋은 본보기이자 역사가 되거든. 오래 이어지는 것이 역사이며 미덕이 되는 사회가 되면 좋겠어.

곰곰이 기자 활동을 마무리하게 되니 좀 홀가분(?)하기도 하지만 너무 아쉽다. 4학년에 처음 들어와서 중학생이 되는 지금까지 정말 시간이 빠르게 흘러갔다. 그동안 힘들기도 했고 귀찮은 일도 있었지만 몇 년 동안 즐거운 추억을 쌓아 준 곰곰이에 고맙고, 선생님, 친구들, 후배 기자들에게 감사하다. 많은 기자가 졸업하니까 남은 기자들이 기자단을 잘! 이끌어 나갔으면 좋겠다.

우선 좋았던 점은 가장 빠른 나이에 들어와서 졸업할 때까지 계속 기자 생활을 한 것이다. 그동안 있었던 일들이 하나하나 기억나진 않지만 너무 좋았다. 특히 직접 어딘가 가서 취재하거나 체험하면서 많은 것을 느꼈다. 몸으로 뛰고, 인터뷰를 하면서 '내가 진짜 기자구나' 하는 생각이 들었다. 편집장은 5학년 때 했는데 기자 생활을 하면서 편집장을 해 보는 것 자체가 의미 있는 일이라고 생각한다.

나에게 가장 기억에 남는 기사는 당연히 부산어린이책잔치(책잔치)이다. 총 3번의 책잔치 경험이 있는데 정말 하나하나가 다 독특하고 재밌었다. 우선 4학년 첫 책잔치 때는 내가 직접 무대에서 연극을 했다. 정말 간단한 역인데도 공연 전에 4~5시간씩 연습을 했고 무대 위에 섰을 때 그 기분은 아직도 잊을 수 없다. 5학년 책잔치 때는 처음으로 어린이 방송국을 운영했는데 길 잃은 아이와 어머니를 만나게 해 주었을 때 정말 정말 뿌듯했다. 행사 방송 경험은 학교 방송부 채택에도 큰 도움이 되어 더욱 값진 경험이었다. 마지막 책잔치 때는 어린이 방송국을 운영했지만 큰 언니들이 나가고 새로운 얼굴들이 들어와 책임감이 컸다. 하지만 순조로운 진행! 책잔치 홍보 리포터로도 활동할 수 있었는데 약속이 깨져서 하지 못한 게 너무 아쉽다.

>> 이승원(부흥초등학교 6학년), 2011년 1월

4학년 때부터 시작한 곰곰이 기자 활동이 벌써 끝나가려 한다. "지금 현재 정기자 5학년들아, 열심히 해서 뒤처지지 않게 해 줘! 그리고 수습기자들과 곧 들어올 미래의 정기자들아! 힘들어도 포기하지 말고 끝까지 열심히 해 줘!" 곰곰이 활동이 미래에 많은 도움을 줄 것이라 믿고 또 글쓰기 실력이 나아진 활동이라서 뿌듯한 마무리를 할 수 있을 것 같다. 기자 활동 중 가장 좋았던 점은 신문에 내 기사가 실린 것이고, 아쉬웠던 점은 기간 안에 기사를 제출하지 못해 약속을 지키지 못한 것이다. 기자단 활동은 정말 즐거운 활동이었다. 매주 토요일에 오는 것은 힘들었지만 친구들과 함께 의논하여 기사를 완성하는 뿌듯함을 생각하면 헛된 시간이 아니라는 것을 확신할 수 있다. 활동하면서 얻은 생각, 지식을 항상 기억하겠다.

>> 정주현(해강초등학교 6학년), 2013년 1월

5학년까지만 해도 신문이라는 단어는 내게 생소했지만 곰곰이 기자단에 들어와서부터는 신문을 읽는 데 흥미를 갖고, 기사를 쓰는 것도 재미있어졌다. 이 기자단을 통해 신문에 대해 많은 재미와 흥미를 느꼈다. 지금까지의 기자 활동 중 나의 기사가 많이 올라오지 못했다는 점이 안타까웠지만 많은 친구들도 사귀고 재밌는 활동을 한 것 같아서 뿌듯하고 좋았다. 지금 올라오는 수습기자들아! 기자 활동 중 많은 어려움이 있더라도 참고 하면 나중에 자기 기사가 올라오는 기쁨을 느낄 수 있으니까 열심히 해라.

≫ 김주호(좌동초등학교 6학년), 2013년 1월

언론인의 꿈을 따라 : 박지영 기자의 사례

곰곰이 기자들이 성장하는 것을 보면서 언론인 꿈을 좇아가는 청소년이 한 명쯤 있으면 좋겠다는 생각을 했어. 많은 곰곰이 기자들이 다양한 꿈을 좇아서 고군분투하는데 곰곰이 기자 활동이 도움이 된다면 그것으로 만족해야 하지만 아쉬움도 남았어. 그 가운데 곰곰이 기자 출신인 박지영 기자는 언론인으로 활동하고 있는데 계속 성장하기를 기대하는 마음이야.

박지영 기자는 곰곰이 기자를 지원하기 전부터 곰곰이 서점에서 독서 지도를 받으며 작가 강연회를 비롯한 체험 학습까지 모든 프로그램에 참여한 '곰곰이 키즈'야. 경희대학교 언론정보학과를 졸업하고 온라인 미디어 〈임팩트온〉에서 기자로 일하고 있지. 박지영 기자의 성장 과정은 기자를 꿈꾸는 학생들에게 하나의 지표가 될 수 있다고 생각해. 기자가 되는 방법은 다양하겠지만 하나의 사례로 참고가 될 거라 여기고 인터뷰한 내용을 소개할게.

곰곰이 서점에서 무엇을 했나요?

초등학교 2학년 때 곰곰이 서점을 알게 되었는데, 매달 가는 체험 학습이 항상 기대됐어요. 체험 학습을 다녀와서 매번 글을 썼던 것도 어딜 놀러 간다는 게 기다려지고 제가 경험했던 걸 남겨 두고 싶어서 그랬나 봐요.

더불어 곰곰이 서점에서 주최했던 '부산어린이책잔치'가 기억에 남습니다. 연극, 작가 강연 등 볼거리가 넘쳐 나던 책잔치에 매번 참가했던 기억이 나요. 덕분에 아직도 부산민주공원(책잔치가 열리던 곳)은 제가 아주 좋아하는 장소입니다.

요즘 초등학생들은 또 다르겠지만, 제가 초등학생일 때도 놀거리가 많지 않았어요. 놀이터와 오락실에 놀러 다니던 친구들이 고학년이 되면서 학원에 간다고 잘 놀지 못했지만, 곰곰이 서점에 가면 늘 친구들이 있었어요. 단순히 서점을 넘어 문화를 만들어 간 곳이었다고 생각합니다. 아이들이 건강한 환경에서 뛰어놀길 바라셨던 것 같아요.

곰곰이 기자 활동 중에 무엇이 가장 기억에 남나요?

제가 기자의 꿈을 가지게 된 이유도 곰곰이 기자단 활동 때문이라고 생각해요. 10년 전 일이지만 아직도 투표로 편집장이 된 순간을 잊지 못합니다. 편집장이 돼 매달 진행하던 편집 회의도, 다른 기자 친구들과 함께 취재하러 가던 날 설렌 경험들이 쌓여 저를 기자의 길로 가도록 한 것 같습니다.

중·고 시절 진로와 관련된 활동은 무엇이며, 곰곰이 기자 활동이 어떤 영향을 미쳤나요?

돌아보면 곰곰이에서 얻은 자산은 학창 시절에 굉장히 큰 영향을 미친 듯해요. 사실 중학교 때는 대학이나 진로에 대해 진지하게 고민해 보지 않았지만, NIE 동아리를 드는 정도의 옅은 관심을 가졌습니다. 이후 고등학교에 진학하며 제 진로에 대해 깊이 고민하게 됐는데요. 희망 직업란에 고심하면서 적은 답이 '기자'였던 걸 보면 곰곰이 기자단 활동이 큰 영향을 미쳤다고 생각되네요. 고등학교부터는 본격적으로 '저널리즘'에 관심을 갖고 활동했어요. 고등학교 1학년 때 〈교수신문〉의 '대나무 학생 기자'로 활동하면서 친구들을 취재하는 간단한 기사 작성을 시작으로, 2학년에 올라가서는 〈아하! 한겨레〉 학생 기자로 활동했습니다. 중학교 2학년 때까지 곰곰이에서 NIE 수업을 하면서 친구들과 진행했던 토론과 초등학교 때부터 꾸준히 해 왔던 독서와 독후감 쓰기 덕분에 글쓰기는 제 강점이자 특기로 자리 잡을 수 있었습니다. 오히려 지금이 더 글쓰기가 무섭네요.

대학 진학 시 그동안의 기자 활동이 도움이 되었나요?

곰곰이 기자단에서 활동했던 기억들로 인상적인 자기소개서를 작성할 수 있었습니다. 제가 경희대학교 언론정보학과에 지원할 때 제출했던 자기소개서 내용 중 일부입니다.

"기자님이 써준 글 덕분에 놀러갈 데가 생겼어요. 감사합니다."

어릴 적 활동했던 곰곰이 기자단에서 장애인을 위한 스포츠 센터에 대한 기사를 썼을 때 들었던 말입니다. 그저 새로 생긴 스포츠 센터에 대한 기사를 썼을 뿐이었습니다. 직접 저에게 걸려 온 전화로 연신 고맙다고 말씀하시던 분은 장애인을 아들로 둔 분이었습니다. "집 앞에 공동 체육관이 있지만 사람들의 따가운 시선을 받을까 수영장을 한 번 못 데리고 가 봤다."는 그 분은 생전 처음 수영장을 데려갔다고 말했습니다. 그저 센터를 소개하는 단신 기사였을 뿐이지만 그분들의 인생에는 변화를 줄 수 있었습니다. 이후 아무리 간단하고 빨리 쓸 수 있는 기사더라도 이 일을 떠올리며 다시금 최선을 다하게 됐습니다.

대학 진학 후 활동에도 영향을 끼쳤다고 생각하나요?

대학에 진학하고 한 활동들은 훨씬 구체적으로 기자라는 직업에 다가가게 했습니다. 학보사에서 2년 6개월 동안 일하며 기자와 편집장으로 약 100여 편의 기사를 작성했습니다. 기사를 작성하며 어린이 기자단 활동 때의 기억이 스쳐 지나가는 순간이 많았습니다. 기사를 작성하기 위해 직접 작성한 설문지를 돌리고, 수기로 분석하며 작성하는 과정은 초등학생 때나 지금이나 큰 차이가 없더라고요. 더불어 학보사에서 매주 진행하는 기획 회의에서 더 좋은 기사, 더 유익한 기사를 쓰기 위해 동료 기자들과 머리를 맞댔던 순간은 초등학생 때와 별반 다르지 않았습니다.

오래된 일이지만 곰곰이 기자를 하면서 느꼈던 감정은 확실하게 기억납니다. 기사를 쓸 때 저는 매우 행복했어요. 기사를 작성하면서 글을 몇 번씩이나 고쳐야 했음에도 불구하고 오후 7시가 넘어 엄마와 함께 집에 돌아가는 그 길이 얼마나 상쾌했는지! 마감을 하고 집에 갈 때 맡았던 그 공기가 지금까지도 기억나네요. 마감된 기사가 지면에 실체를 드러냈을 때의 기쁨은 그 어떤 힘듦도 잊게 했던 터라 발행된 신문을 몇 번이나 다시 읽고 잠들었습니다.

대학 학보사에서 기사를 작성하면서도 같은 기분을 느꼈습니다. 곰곰이에서 작성했던 기사보다 더 복잡하고, 구체적이고, 여러 이해관계가 얽혀 있는 소재들이지만 힘든 과정을 헤쳐 나갈 때 가장 열정적일 수 있었습니다. 밤샘 작업을 해도, 막대한 스트레스를 받아도, 지면으로 발행된 신문을 보면 모든 게 다 상쇄될 정도로 행복하더라고요. 이런 과정을 약 2년간 반복하다 보니, '직업으로서 기자도 할 만하겠다'는 자신이 생겼습니다.

사회 곳곳의 이슈를 취재하고 시민들의 목소리를 생생하게 들려주는 이 직업을 내 몇 십 년간 밥벌이로 삼아도 될지 경험해 보기 위해, 2018년 하반기에 JTBC에서 약 6개월간 인턴 기자로 활동했습니다.

인턴 기자로 활동하면서 실제 기자들이 하는 일을 간접적으로나마 겪고 나니, 완전할 순 없겠지만 확신이 생겼습니다. 확실히 재밌었거든요. 함께 취재한 기자 선배들의 리포트를 보면서 '나였다면 이런 식으로 구성할 텐데'라며 고민해 보고 꼭 하고 싶었던 소재를 발제해 진짜 기사로 만들어 보기도 했습니다. 6개월 동안 출근하면서 지겹다는 생각이 끼어들 틈이 없었습니다. 내일을 기대하면서 빨리 눈을 감는 버릇이 생기더라고요. 매일 매일 가슴을 뛰게 하는 이 일이라면 도전해 봐도 되겠다는 목표가 생겼습니다.

마지막으로 기자를 꿈꾸는 청소년들에게 하고 싶은 말은?

허무맹랑한 질문으로 부모님을 귀찮게 했던 어린 시절을 잊지 마세요! 세상에 호기심을 잃지 말고 질문하세요! 여러분이 던지는 물음은 세상의 한 조각을 바꿀 수 있는 문이 될지도 모릅니다.

학교 밖 청소년 언론

신문 동아리나 신문반이 교내에 이미 개설되어 있다면 힘들지 않게 청소년 언론인으로 활동할 수 있을 거야. 하지만 학교 안에서 그런 활동을 할 수 없는 경우라면 신문 동아리를 직접 만들어 볼 수도 있는데 만만치 않아. 의욕만으로 도전하기엔 엄두가 나지 않을 수도 있어.

세상일은 알 수 없을 때가 많아. 꼭 이 길로 가야 한다고 하지만 다른 길도 많이 있거든. 당장은 다른 길이 안 보이니 애를 태우면서 처음 생각한 길로 가려고들 하지. 이가 없으면 못 먹는 게 아니라 다르게 먹는 방법이 있다는 거야. 학교 안에서 청소년 언론인으로 활동할 생각이었으나 생각처럼 잘되지 않는다고 포기할 필요가 없어. 당연히 다른 방법이 있거든! 학교 밖에서 찾는 거야. 예를 들면 곰곰이 기자단 같은 곳이야. 절실하게 찾으면 길은 있어. 가장 손쉬운 방법은 인터넷 뒤지기야. 자! 지금 '청소년 기자단' '청소년 언론'을 쳐 봐.

어린이나 청소년 언론이라고 해도 다양한 성격이 있을 수 있어. 학교 안팎이나 우리 고장에서 일어나는 행사와 일들을 위주로 할 수도 있고, 어딘가를 가서 보고 듣고 느낀 것을 기사로 전달할 수도 있어. 따뜻한 주변의 이야기를 알릴 수도 있고, 시사 이슈에 대한 비판적인 기사를 위주로 할 수도 있을 거야. 무엇을 중심으로 풀어나가든 어린이나 청소년이 직접 쓴 글이나 기사 자체가 중요한 거야.

인터넷 세상 속에서 가장 먼저 눈에 들어온 것은 지자체에서 운영하는 청소년 기자단이야. 많은 지자체에서 운영하는 청소년 기자단을 하나씩 들어가서 내용을 살펴보고 놀랐어. 시작은 있는데 계속은 없는 경우가 많더라고. 청소년 기자단을 모집하고 출발은 하는데 중간 과정이 없을뿐더러 활동의 결과물인 기사를 찾아볼 수 없고 그대로 멈춰 버린 상태가 생각보다 많은 거야.

그리고 종이로 만든 신문이 아니라 온라인으로 운영하는 단체도 적지 않아. 홈페이지와 블로그, 카페까지 다양하게 소개되어 있어서 원하는 곳을 찾으려면 일일이 들어가서 꼼꼼하게 살펴봐야 할 거야. 활동 중인 청소년 기자단이 많지 않아서 분류하기가 쉽지 않아. 큰 구분 없이 늘어놓을게. 관련 소개 내용은 해당 단체나 기관들이 공개한 내용을 인용했어. 내가 사는 곳에 청소년 기자단이 있는지 더 자세한 내용은 개인적으로 검색해서 찾아봐야 할 거야.

부산 해운대구 드림누리 기자단

〈해운대신문〉의 드림누리 기자단은 해운대구청과 해운대구 진로교육지원센터가 함께 운영하는 청소년 기자단이야. 2018년 4월 7일 해운대구 문화복합센터에서 〈해운대신문〉 드림누리 기자단 발대식이 있었어. 2015년 진로 체험 동아리로 시작해 해운대구 소식지인 〈해운대신문〉 학생 기자로까지 활동의 폭을 넓히고 있어. 기자단은 담당 선생님이나 학교장의 추천을 받은 해운대구 내 11개 27명의 중학생으로 구성되어 있지. 학생들은 신문과 방송 분야의 교육을 받고 취재 및 기사 작성, 영상 뉴스 기획 제작 등 다양한 활동으로 생생한 교육 현장의 소식을 전하고 있어.

〈곰곰이 신문〉에서 어린이 기자 활동을 하고 중학교에 진학해 드림누리 기자단 활동을 하는 학생이 있어. 매달 초에 1만 부의 신문이 발행되어 구내 모든 아파트에 배포되고 있는데 드림누리 기자단의 기사가 늘 나오고 있어. 관심을 가지고 주위를 살펴보면 비로소 주변이 보이기 시작하거든. 그런 관심으로 기자로 활동할 수 있는 기회를 잡은 거지.

서울 노원구 노원 청소년 기자단

2020년, 노원구청은 상상이룸센터와 연계해 1기 노원 청소년 기자
단을 출범시켰어. 노원구의 다양한 소식을 SNS 및 언론매체 등의
콘텐츠를 활용해 기사와 영상으로 제공하는 활동을 하고 있지. 노
원구에 사는 고등학생 3명이 참여해 총 5회의 기술 교육을 2020년
11월 7일부터 12월 5일까지 실시했어. 교육 내용은 기자 직업 안
내, 기자로서의 소양 및 글에 대한 비판적 사고, 글쓰기 기본 교
육 등이야. 직접 취재하고 쓴 기사로 〈노원청소년신문〉이 나왔어.
2021년에는 2기 청소년 기자단이 출범했어. 청소년 기자의 활약이
계속되기를 기대해.

민언련 청소년 언론 학교

언론 학교에 대한 소식은 〈광양만신문〉에 나온 거야. 지역 신문을
잘 보면 지역 내 정보를 활용할 수 있어. 지역 신문에서 청소년 기자
를 모집하기도 하지만, 다른 단체가 청소년 언론인을 모집하는 홍
보가 나오거든. 예를 들어 광주전남민주언론시민연합(민언련)에서
청소년 언론학교 모집 광고가 나오는 것처럼 말이야. 이 학교는 지
역의 언론 시민단체인 민언련이 만든 학교야. 방학을 맞아 청소년
언론 학교를 개최하는 내용을 알리면서 학생들을 모집해. 다매체
시대, 정보의 홍수 속에서 청소년들이 미디어와 언론을 올바르게
판단할 수 있도록 도움을 줘.

대한민국청소년기자단(www.youthpress.net)

국내 최대 규모의 청소년 기자단이야. 정치, 경제, 사회, 문화, IT·과학 등 다양한 분야를 청소년들의 관점에서 취재해. 사회 이슈를 온라인을 통해 대중에게 알리며 공익 증진에 도움을 줘. 올바르고 건강한 청소년 문화가 자리 잡도록 도모하는 언론 기관이야. 연간 100만 명 이상의 방문자 수와 1,000만 이상의 페이지뷰를 기록하고 있으며 미래창조과학부 콘텐츠제공서비스품질 인증과 한국저작권보호원 클린사이트 인증을 획득했어. 구글, 대한민국 정부, 서울특별시 등 여러 기업 및 기관과 제휴 또는 협력하고 있지.

전국 단위로 실시되는 기자단 공모에 선발된 대한민국 청소년이라면 누구나 기자가 될 수 있어.

청소년기자단 혜윰 (www.hyeyum.or.kr)

청소년 언론인을 키우고 청소년의 목소리를 대변하며 언론인 교육 및 청소년 행사의 자리를 마련하는 청소년 기자단이야. 1년간 기자 활동을 할 기자단을 모집해. 모집 대상은 만 13세 이상 만 18세 이하 대한민국 청소년이야. 활동 시 기사 작성 교육을 비롯해 언론인 특강 등 다양한 교육 기회가 제공되며, 기자단이 주최하거나 초청받는 행사에 참여할 수 있는 기회도 있어. 기자단 홈페이지를 통해 자신이 직접 기사를 작성해 독자와 소통할 수 있지. 가입비는 5만 원이고 기자단 운영에 사용돼. 비영리 청소년 언론 단체야.

청소년 언론중재스쿨(www.pac.or.kr)

언론중재위원회에서 개최하는 교육이야. 10인 이상의 학교(반) 및 단체의 신청에 따라 청소년들이 언론의 자유와 인격권 보호에 법적 소양을 쌓고 언론 분야 진로를 탐색할 수 있는 교육을 해. 물론 개인 신청도 할 수 있어. 단체로 신청하면 1일 2시간, 개인은 1일 2~3시간 정도의 교육을 받을 수 있어. 언론의 자유 및 언론인의 역할, 언론 보도로 인한 인격권 침해, 언론 분쟁 사례 및 해결 방안, 언론중재위원회의 기능 및 역할이 교육 내용이야. 교육을 통해 언론인의 기본 소양을 쌓은 뒤 청소년 언론인 활동을 할 수 있는 단체를 찾아보는 것도 괜찮지 않을까? 방학마다 언론중재스쿨을 모집하고 있어. 전국적으로 모집했는데, 코로나19 팬데믹 상황에서는 비대면 수업으로 진행했어. 온라인 수업을 해 봐서 익숙하겠지. 초등학교 4학년에서 6학년까지, 중·고등학생 및 동일 연령 청소년으로 구분해서 모집해. 관심이 있으면 홈페이지에 들어가 교육 일정을 확인하고 혼자 또는 친구들과 함께 신청하고 교육을 받아 보는 것도 좋을 거야.

우리학교신문(weschoolnews.com)

우리학교신문은 중고등학교 연합 사이트야. 인터넷 신문을 지향하는 중고등학교 신문 동아리의 기사를 지원해 주는 곳인데 2021년까지도 활발하게 운영 중이야. 고등학교 24개, 중학교 19개 학교가 소속되어 있지. 우리 사회에서 일어나는 여러 이슈에 대한 청소년 기자들의 글을 보니 반가웠어.

한때 청소년 언론인을 위한 의미 있는 매체였으나 지속되지 못하고 중단되어 버린 곳들도 적지 않았어. 다시 에너지를 얻어 활동할 수 있기를 바라는 마음이 크지. 청소년들의 가감 없는 그러면서도 다소 투박한, 거침없는 소리도 있어야 하거든. 우리 사회의 여러 면을 다 볼 수는 없지만 좋은 면이나 그렇지 못한 면에 대해서도 알릴 수 있는 소통의 길은 필요한 거야. 그런 청소년들의 시각을 알리는 수단이 여러 이유로 끝내 사라지는 사실이 안타까울 뿐이야. 각 지역에 더 많은 청소년이 각자 바라본 세상에 대해 자유롭게 생각과 기사를 올릴 수 있는 기회가 마련될 수 있도록 지원이 필요하다고 생각해.

기자 활동을 청소년 시기에 접해 보고 싶은데, 교내 신문 동아리도 없고 학교 밖에 지자체나 언론 관련 단체들이 운영하는 기자단도 없을 때는 어떻게 해야 할까? 또는 있다 해도 그다지 마음에 들지 않는다면? 의지가 있는 친구들과 함께 직접 신문 동아리를 만들 수 있지 않을까? 의기투합할 수 있는 친구 몇 있으면 도전해 보는 것도 나쁘지 않다는 생각이야. 청소년은 어리지 않아. 열정이 있으면 도전은 두렵지 않을 거야. 파이팅!

20년의 경험이 누군가를 위해 쓰이기를

뉴스가 인쇄되는 순간 생명력을 잃어버린다고 생각했었지. 20년 전의 일이야. 시간이 흐르고 보니 그게 다가 아니라는 것을 알게 되었어. 여전히 생명력을 유지하고 있거나 존재하면서 변화되거나 반복되고 있다는 것을 깨달았어. 오랜 기간 어린이 기자들이 쓴 기사를 보면서 말이야. 그 자체가 하나의 역사이며 가치라고 생각해. 〈곰곰이 신문〉은 1호부터 지금까지 발행될 때마다 국립중앙도서관에 영구 소장본으로 보관되고 있어. 이 점도 생명력을 잃지 않는 존재의 의미가 더해진다고 생각해. 그동안 발행해 왔던 〈곰곰이 신문〉에서 기자들의 글과 관련 사진들에서 왁자지껄한 분위기와 열정이 그대로 묻어나오거든. 기사에는 기자들의 정신이 녹아 여전히 생명력을 유지하고 있어.

책에 있는 내용은 앞으로 신문 동아리를 시작하는 청소년들을 위한 것이기도 하고, 20년에 걸쳐 청소년들이 보고 듣고 느낀 것을 쓴 흔적이기도 해. 시간이 흘러 책에 소개된 청소년들의 기사와 글에 덧붙여 이 책을 활용하여 생산된 청소년들의 또 다른 글과 기사가 어딘가에 남아 가치를 발하고 누군가에게 영향을 주기를 바라는 마음이야.

곰곰이 기자를 모집하고 교육해 함께 취재했던 초기에는 참으로 어설프게 시작해서 이렇게 오래 할 줄은 몰랐어. 20년의 세월 동안 기자들과 어울려 지냈던 수많은 기억은 〈곰곰이 신문〉 지면에서 빛이 났어. 〈곰곰이 신문〉에 올라가지 못해 아쉬웠던 결과물은 올라간 기사보다 훨씬 많아. 그 모든 것들이 내 컴퓨터 기억 장치에 자리 잡고 있다가 소환만 하면 출동할 수 있도록 대기하고 있지. 실로 엄청난 재산이야. 많은 이야기와 사진들이 그대로 컴퓨터에 있다가 사라지게 하고 싶지는 않아. 그동안의 결과가 누군가에게 도움이 될 수 있다면 쓰이기를 바라는 마음이지. 그래서 중고등학교의 신문 동아리 활동에 조금이라도 도움이 될 수 있지 않을까 생각했어. 공간적, 시간적 제한을 넘어 기자들과 청소년들의 활동 결과를 활용한 신문 동아리가 생겨나고 활력을 잃어가는 기존의 신문 동아리도 다시 시작할 수 있는 계기가 되면 좋겠어.

학생이니까 마땅히 학업이 중요하나 공부만 하지는 않잖아. 학교와 학원을 다니며 보고 듣는 것들이 많을 거야. 친구들, 교사나 강사, 스마트폰, 이동 중 여러 매체를 통해 보고 듣는 것부터 스쳐 지나가는 주변 환경까지. 모든 것을 인지하고 받아들이면서 공정하지 못한 부분이나 불합리한 점에 대해서 한두 마디는 하겠지. 이것이 언론 활동의 시작이야! 자기 생각을 다른 사람에게 말하고 SNS로 알리고 공감대를 형성하면서 시정되기를, 바로 잡히기를 바라는 언행이 언론 활동이라 생각해. 잘못된 것을 외면할 수는 없지. 모든 사람이 다 그렇지는 않지만, 그냥 지나치지 않는 사람도 적지 않아. 도움의 손길을 건네기도 하고 같은 목소리를 내기도 하지. 그런 사회에서 일어나는 일들에 관심을 가지고 공동체의 일원으로서 참여하면 변화가 생기고 개선되어 나갈 거야. 문제가 생기면 해결하면서 발전되어 가는 거지. 이런 일에 관심이 있고 흥미를 느끼며 내가 갈 길이라 선택하는 청소년들이 있기를 기대해.

내가 속한 사회와 조직을 더욱 건강하고 따뜻하게 변화·발전시키고 싶다고 생각하는 청소년이라면 진지하게 '기자'라는 직업을 고려해 봐!

부록

기자 지원서 양식, 편집 회의 일지

곰곰이 수습기자 지원

이　름		사진
학교, 학년		
생년월일		
주민등록번호		
전화번호	메일	
주　소		

자신과 가족 소개

※ 어린이 기자가 되고 싶은 이유는 무엇입니까?

※ 지금까지 자신이 최선을 다했던 일을 자세히 적어 보세요.

※ 우리 사회에서 일어나고 있는 여러 가지 일들 중 하나를 선택하여
   그 내용을 요약하고 자신의 생각을 중심으로 써 보세요.

1년 동안 성실히 곰곰이 어린이기자 활동에 참여하겠습니다.

년   월   일

보호자   (인)

편집 회의 일지

작성일 :

토의 참가자	
토의 주제 (기사거리 주제와 발표자)	

선정 기사	주제	
	구체적 내용	
	취재 방법	
	사전 조사 내용	

취 재 일 정 (자료 조사, 섭외, 취재 준비, 취재, 기사 작성, 마감)							담당자별 역할 분담
일	월	화	수	목	금	토	

메 모	

취재 질문 내용 (설문지 / 인터뷰 질문)

요즘은 한류가 대세

얼마 전 온 세계를 들썩이게 한 노래가 나왔다. 바로 방탄소년단의 'Dynamite(다이너마이트)' 이다. 지난 ... 운이 노래는 9월 5일 'WAR을 ... 위에 올랐다. 2012년 싸이의 ... 방인 아티스트 중 최초으로 1위를 차지했다. 매우 아래 ... 한 일본도 역사를 물들어 첫 주에 앤100 1위로 진입한 ... 100 1위로 진입한 ... 곡들이고, 근중에서도 ...

곰곰이 기사

> ### 기자활동을 시작하면서

기자 활동을 하면서 다른 친구들과 잘 답답하여 좋은 기사를 낼 것이고 책임감 있게 기사를 쓸 것이다.

박신휘 기자 (철암초 5)

1년간 기자활동을 하며 맡은 일을 열심히 해내고 취재할 것이다. 기자도 책임감 있게 쓸 것이다. 누구나 실수는 하는 법이다. 실수를 한다면 그 점을 고쳐나갈 수 있도록 노력하겠다.

관기호 기자 (내항초 5)

지금의 농업이 있게 만들어준 고마운 사람

▲우정순기념관의 ...

박지윤 (...)

학교 폭력추방 게시판

... 과의, 공부랑, 전단지가 디지털되지 들어 ... 을 하려 ... 중요한 학교 폭력추방 게시판 내 ... 가린 것이다. 이런 진단지들은 너무 많이 ... 참조와 방치하고 있다. 얼른 진단지들이 때깨 ... 마음이다.

조송비 (산곡초 5)

전쟁 당시의 대통령관저

6.25전쟁 당시에도 이승만 대통령은 여러 집무를 수행했다. 그러한 이승만 대통령이 임시수도인 부산에서 비서들과 함께 살며 집무를 수행했던 대통령 관저를 재현한것이, 임시수도기념관이다. 위시수도기념관...

2층은 총 12개의 방으로 이루어져 있다. 응접실은 6.25 ...

조송비 (산곡초 6)

현시대에 살아있는 역사, 부산 국제시장

일가친척 없는 몸이 지금은 무엇을 하나, 이 내 몸은 국제시장 장사치다.
굳세어라 금순아 (1953년)

국제시장은 언제 생겼을까?

6.25전쟁이 터지고 부산이 임시수도로 지정되면서 유입 ... 하게 안전한 곳이 부산이 되었다. 그리하여 전국에서 임청난 ... 인파와 미군 군수물자, 월수품이 부산항으로 유입되었 ... 물자가 부족하였던 시절에 국제시장은 유일한 시장이 되었 ... 다. 외제품을 주로 취급하던 흔적은 이웃인 깡통시장 등에 ... 남아있다. 이후 부산의 ... 영화 《국제시장》이 히트를 ...

부산국제시장의 어원은?

부산국제시장은 처음엔 '도깨비시장' 이라 불렸다. ... 국제시장은 ... 정확하지 않다. ...

국제시장의 전성기는 언제일까?

한국전쟁 이후 1950년 ~1960년에 국제시장은 큰 전성기를 맞았다. ...

조송비 (산곡초 6)

... 당신들을 잊지 않겠습 ...

기자가 되고 싶은 청소년에게
신나는 취재 활동부터 기사 작성까지

펴낸날	2022년 1월 11일 1쇄
	2023년 5월 24일 4쇄
지은이	김형준
펴낸곳	소동
주소	경기도 파주시 돌곶이길 178-23
전화	031-955-6202, 070-7796-6202
팩스	031-955-6206
페이스북	https://www.facebook.com/sodongbook
전자우편	sodongbook@gmail.com
펴낸이	김남기
편집	서상일
일러스트	미늉킴
디자인	디자인 <비읍>
홍보	남규조, 하지현
ISBN	978-89-94750-94-1 43070